아키타입(Archetype)
사자성어 경제학

아키타입(Archetype) 사자성어 경제학

발행일   2026년 3월 20일

지은이   권의종, 이왕로
펴낸이   손형국
펴낸곳   (주)북랩

출판등록 2004. 12. 1(제2012-000051호)
주소   서울특별시 금천구 가산디지털 1로 168, 우림라이온스밸리 B동 B111호, B113~115호
홈페이지 www.book.co.kr
전화번호 (02)2026-5777   팩스   (02)3159-9637

ISBN   979-11-7598-187-4 03320 (종이책)   979-11-7598-188-1 05320 (전자책)

작가 연락처 문의 ▸ ask.book.co.kr

전용 게시판에 문의를 남기시면 저자에게 직접 전달됩니다.

(주)북랩 성공출판의 파트너

북랩 홈페이지와 SNS에서 다양한 출판 솔루션을 만나 보세요!

홈페이지 book.co.kr   •   **블로그** blog.naver.com/essaybook   •   **출판문의** text@book.co.kr
카톡채널 북랩

권의종, 이왕로 지음

아키타입 Archetype
사자성어 경제학

**시장은 숫자로 움직이는 것이 아니라
인간의 욕망과 두려움으로 움직인다!**

**동양의 지혜와 사자성어로 읽는
시장과 인간, 그 욕망의 법칙**

북랩

숫자의 경제를 넘어, 원형의 지혜로

왜 '아키타입' 사자성어로
경제를 읽는가

경제는 흔히 차가운 숫자로 설명된다. 성장률, 물가, 금리, 환율 같은 지표들은 시장의 상태를 완벽히 대변하는 듯 보인다. 그러나 숫자는 언제나 사후적인 결과일 뿐이다. 그 이면에 소용돌이치는 인간의 선택과 갈등, 집단적 열망과 근원적인 공포까지 담아내지는 못한다. 위기가 닥칠 때마다 우리는 묻는다.

"도대체 왜 이런 일이 반복되는가?"

이 질문에 대한 답은 정교한 수식보다 인간 본성의 반복되는 패턴, 즉 경제적 '아키타입(Archetype)'에서 찾아야 한다.

동양의 사자성어는 수천 년간 인류가 겪어 온 선택과 실패, 균형과 파국의 서사를 압축해 온 지혜의 원형이다. 탐욕이 임계점을 넘었을 때의 파멸, 균형이 무너졌을 때 치러야 하는 대가, 시대의 흐름을 읽지 못한 자의 고립에 대한 집단적 기억이 그 네 글자 안에 박제되어 있다. 사자성어는 단순한 고전의 편린이 아니라, 시대를 초월해 재현되는 인간 행동의 경제학적 코드다.

이 책이 '아키타입'이라는 렌즈로 경제를 풀어내는 이유는 명확하다. 경제는 결국 인간의 선택이 모여 만들어지는 역동적인 질서이기 때문이다. 시장도, 국가도 오직 합리적 계산만으로 움직이지 않는다. 그 안에는 시대를 관통하는 심리적 원형—두려움, 관성, 체면 그리고 도덕적 해이—이 복잡하게 얽혀 있다. 사자성어는 바로 이 지점을 비춘다. 숫자가 놓치고 마는 '의미의 층위'를 복원하는 것, 그것이 이 책의 출발점이다.

시장에서 국가까지, 개인에서 문명까지의 아키타입

이 책은 미시와 거시를 가로질러 금융, 경영, 노동, 세계 경제, 그리고 기술 문명에 이르기까지 경제의 전 영역을 단계적으로 확장하며 탐구한다. 이는 단순한 구성상의 배열이 아니다. 경제적 아키타입은 유기적으로 연결되어 있으며, 한 영역에서의 해법이 다른 영역에서는 예상치 못한 변칙을 낳기 때문이다.

개인의 선택에서 출발한 수요와 공급의 아키타입은 국가 재정과 금융 시스템의 거대한 흐름으로 이어진다. 기업의 혁신은 고용의 지형을 바꾸고, 기술의 진보는 노동과 복지의 정의를 뿌리째 흔들어 놓는다. 세계 경제의 패권 다툼은 결국 우리 일상의 물가와 생존의 문제로 되돌아온다. 이 모든 흐름은 거대한 하나의 강줄기처럼 연결되어 시대를 관통한다.

동양의 지혜는 부분에 매몰되지 말고 전체의 형상—아키타입—을 보라고 조언한다. 숲의 원형을 읽지 못하면 나무 한 그루의 변화를 제대로 이해할 수 없기 때문이다. 각 장을 독립적으로 읽어도 좋지만, 전체를 하나의 거대한 이야기로 읽어 내기를 권한다. 시장의 미시적 논리에서 시작해 문명의 거시적 선택으로 끝나는 이 여정 속에서, 독자는 변화무쌍한 경제 지표 속에서도 변하지 않는 본질적인 구조를 발견하게 될 것이다.

경제를 아는 것을 넘어,
경제를 살아 내는 통찰

이 책은 단순한 지식의 전달을 지향하지 않는다. 그보다는 경제를 대하는 우리의 태도와 철학을 묻고자 한다. 언제 욕망을 절제해야 하는지, 언제 파도를 타고 나아가야 하는지, 언제 고요히 때를 기다려야 하는지에 대한 판단은 교과서적인 공식으로 배울 수 없다. 오직 삶의 원형을 꿰뚫는 통찰만이 그 기준을 제시할 수 있다.

'과유불급'은 자산 버블과 소비의 함정을 동시에 경고하고, '새옹지마'는 경기 순환의 고통을 견디는 단단한 마음가짐을 가르친다. '각주구검'은 과거의 성공 방정식에 매몰된 이들의 위험을 꾸짖으며, '종심소욕 불유구'는 자유로운 시장과 성숙한 규제가 이뤄야 할 궁극의 조화를 상징한다. 이 모든 사자성어는 경제적 선택의 기술이기 이전에, 어떻게 삶을 경영할 것인가에 대한 근원적인 질문이다.

이 책은 정답을 제시하는 해설서가 아니다. 대신 우리의 마음속에 본질적인 질문들을 남기려 한다. 우리가 맹신하는 경제적 상식은 과연 균형 잡힌 원형인가. 효율과 성장이라는 명분 아래 망각해 버린 가치는 무엇인가. 이 질문에 스스로 답을 찾아가는 과정에서 경제는 더 이상 타인의 데이터가 아니라, 우리의 삶을 지탱하는 살아 있는 언어가 될 것이다.

경제는 숫자로 시작하지만, 결국 인간을 이해하는 지혜로 완성된다. 그 불변의 아키타입을 이 한 권에 담았다.

권의종·이낭호

3부 돈의 길목과 금융의 세계 【 화폐와 금융 】

4부 투자의 정석과 인간의 심리 【 투자와 행동경제 】

5부 기업의 경영과 생존 전략 【경영 경제】

6부 세계 경제와 글로벌 패권 【국제 경제】

시장의 흐름과 가격의 원리

[미시경제]

보이지 않는 손은 언제 작동하고, 언제 실패하는가

시장은 수요와 공급이라는 단순한 원리 위에서 움직이는 듯 보이지만, 그 이면에는 인간의 욕망과 판단, 정보의 불균형이 복잡하게 얽혀 있다. 1부는 수요공급, 기회비용, 외부효과, 독과점 등 미시경제의 핵심 개념을 사자성어로 풀어내며, 시장이 항상 합리적으로 작동하지는 않는다는 사실을 보여 준다. 다다익선과 과유불급, 어부지리와 동상이몽 같은 표현들은 소비와 생산, 경쟁과 협력의 미묘한 균형을 상징한다.

1부는 시장을 '완벽한 기계'가 아니라 '불완전한 인간들의 집합'으로 이해하도록 이끈다. 시장의 힘을 신뢰하되, 맹신하지 않는 태도가 왜 중요한지를 일깨우는 출발점이다.

수요공급 需要供給

시장을 지배하는 보이지 않는 손

값은 누가 정하는가
─수요와 공급이 만나는 자리

시장에서 가격은 과연 누가 정하는가. 이 질문은 경제학의 출발점이자 인간 사회를 이해하는 가장 근본적인 물음이다. 우리는 일상에서 "비싸다." 혹은 "싸다."라고 쉽게 말하지만, 그 가격이 형성되는 구체적 과정을 깊이 성찰하는 경우는 드물다. 가격은 누군가의 일방적 결정으로 정해지는 숫자가 아니다. 그것은 수많은 개인의 선택과 욕망, 필요와 포기의 결과가 한 점에 응축되어 형성된 사회적 합의의 산물이다.

동양 고전의 시각에서 본 수요공급(需要供給)은 단순히 '원하는 것'과 '내놓는 것'의 교환을 넘어선다. '수요'는 인간의 욕망과 결핍을, '공급'은 그것을 채우려는 노력과 생산을 의미한다. 시장은 이 두 거대한 힘이 끊임없이 마주치는 역동적인 장(場)이다. 사고 싶은 사람이 많고 물건이 귀해지면 가격은 오르고, 반대로 수요는 줄어드는데 물건이 넘쳐나면 가격은 내려간다. 이 명확한 원리가 거대한 시장 경제를 움직이는 핵심 동력이다.

이 과정에는 정부의 강압적인 명령이나 지시가 반드시 필요하지 않다. 누가 "이 가격이 적당하다."라고 선언하지 않아도, 시장은 스스로 최적의 균형점을 찾아간다. 이것이 애덤 스미스의 '보이지 않는 손'이다. 이 손은 눈에 보이지 않지만 모든 거래 이면에서 정교하게 작동한다. 각 주체는 자신의 이익을 위해 움직이지만, 그 결과는 사회 전체의 질서와 효용을 만들어 낸다. 동양적 관점에서 보면, 이는 인위적 조작 없이도 스스로 조화를 이루는 자연(自然)의 이치와 닮아 있다.

과하지도 모자라지도 않게
—균형 가격의 철학

수요와 공급이 일치하는 지점인 '균형 가격'은 경제학적으로 매우 중요하다. 이 가격대에서는 사고 싶은 사람과 팔고 싶은 사람이 모두 만족을 얻으며, 초과 수요나 공급이 사라진다. 시장은 이 상태를 선호하는데, 바로 그 지점에서 자원 낭비나 부족이 최소화되어 사회적 효율이 극대화되기 때문이다.

동양 철학은 오래전부터 '중용(中庸)'의 가치를 강조해 왔다. 어느 한쪽으로 치우치는 지나침과 모자람을 경계하며 '적절함'을 최고의 덕목으로 삼는다. 수요공급의 균형은 바로 이 중용의 미학이 경제적으로 발현된 모습이다. 가격이 가치보다 지나치게 높으면 수요가 위축되고, 지나치게 낮으면 공급 의지가 꺾인다. 어느 한쪽이 과하면 반드시 반대편에서 반작용이 일어나며, 시장은 이를 통해 끊임없이 스스로를 교정한다.

정부나 권력이 가격을 인위적으로 통제하려 할 때 부작용이 발생한다. 가격 상한제나 하한제가 대표적이다. 선의로 시작된 정책일지라도 수요와 공급의 자연스러운 흐름을 거스르면 반드시 왜곡이 생긴다. 물건이 사라지거나 재고가 쌓여 자원이 낭비되는 결과는 자연의 섭리를 억지로 바꾸려다 실패하는 모습과 흡사하다. 동양의 지혜처럼, 가격은 인간의 욕망과 희소성을 따라 물처럼 흐른다. 이를 막으려는 시도는 일시적일 뿐, 결국 더 큰 불균형을 낳는다.

보이지 않는 손, 보이는 책임
―시장과 인간의 선택

그러나 '보이지 않는 손'이 항상 도덕적으로 선한 결과만을 보장하지는 않는다. 수요와 공급의 논리는 효율적이지만 공정함까지 담보하지 않기 때문이다. 누군가는 압도적인 자본력과 선택권을 가지는 반면, 누군가는 생존을 위한 최소한의 선택조차 힘겨운 처지에 놓여 있다. 정보의 격차와 자원의 불균형은 같은 가격 체계 안에서도 전혀 다른 삶의 결과를 초래한다.

동양 사상은 개인의 이익 추구를 긍정하면서도 그 위에 책임과 절제를 요구한다. 욕망이 통제를 벗어나면 공동체의 조화는 깨진다. 시장도 마찬가지다. 수요가 투기로 왜곡되거나 공급이 독점될 경우 가격은 더 이상 건강한 사회적 합의를 반영하지 못한다. 이때 보이지 않는 손은 갈 길을 잃는다.

따라서 시장의 원리를 존중하되 맹신하지 않는 균형 잡힌 태도가 중요하다. 수요공급의 원리는 인간 행동의 집합적 지표이지 절대적 도덕 기준은 아니다. 시장이 효율을 만든다면 사회는 그 너머의 공정과 안전망을 고민해야 한다. 이는 동양 철학의 '이기(利己)와 이타(利他)의 조화'와 맥을 같이한다. 결국 수요공급은 인간의 욕망과 선택이 어떻게 사회적 질서로 승화되는지 보여 주는 거울이다. 이 신호를 읽는 혜안이 경제를 이해하는 첫걸음이자 세상을 균형 있게 살아가는 지혜다.

다다익선 多多益善

한계효용 체감의 법칙과 소비의 만족도

욕망은 끝이 없고,
만족은 줄어든다

사람은 본능적으로 더 많이 가지기를 원한다. 더 많은 돈, 더 넓은 집, 더 좋은 물건은 삶의 질을 높여 줄 것처럼 보인다. 그래서 우리는 흔히 '다다익선(多多益善)', 많을수록 좋다는 말에 쉽게 고개를 끄덕인다. 경제 활동의 상당 부분도 바로 이 믿음 위에서 이루어진다. 생산은 늘어나고, 소비는 장려되며, 성장은 미덕으로 여겨진다.

그러나 경제학은 이 직관에 조용히 제동을 건다. 바로 한계효용 체감의 법칙이다. 이 법칙은 단순하다. 어떤 재화를 소비할 때 처음 얻는 만족은 크지만, 추가로 얻는 만족은 점점 줄어든다는 것이다. 첫 잔의 물은 갈증을 해소하지만, 열 번째 잔은 오히려 고통이 된다. 첫 월급은 세상을 얻은 듯 기쁘지만, 월급이 몇 배로 늘어난 뒤의 기쁨은 그만큼 크지 않다.

동양의 지혜는 오래전부터 이 사실을 알고 있었다. 다다익선이라는 말은 원래 '많으면 좋다'는 뜻이지만, 그 이면에는 절제와 분별이 전제되어 있다. 무작정 많이 가지는 것이 아니라, 나에게 필요한 만큼을 아는 것이 진정한 지혜라는 뜻이다. 경제학이 수식으로 설명하는 한계효용 체감은, 동양 철학이 말하는 욕망의 절제와 정확히 맞닿아 있다.

소비의 착각
—더 많이 쓰면 더 행복해질까

현대 자본주의 사회는 끊임없이 소비를 자극한다. 광고는 말한다. "이것만 있으면 더 행복해질 수 있다."

소비는 개인의 선택처럼 보이지만, 사실 사회적 분위기와 비교 속에서 이루어진다. 남보다 뒤처지지 않기 위해, 혹은 남보다 앞서기 위해 우리는 필요 이상의 소비를 감행한다.

하지만 한계효용의 관점에서 보면, 이러한 소비는 쉽게 만족의 함정에 빠진다. 새로운 물건을 샀을 때의 기쁨은 빠르게 사라지고, 곧 더 새로운 것을 찾게 된다. 만족의 기준은 계속 올라가고, 행복은 멀어진다. 더 많이 가질수록 오히려 더 부족함을 느끼는 역설이 발생한다.

동양 사상에서는 이를 족함을 아는 마음, 즉 '지족(知足)'이라고 표현한다. 만족을 외부에서 찾는 것이 아니라, 자신의 기준을 세우는 것이다. 경제학적으로 보면, 이는 소비 효용을 극대화하는 가장 합리적인 전략이기도 하다. 한계효용이 급격히 줄어드는 구간에서 소비를 멈추는 사람은 같은 자원으로 더 큰 만족을 얻는다.

이 지점에서 다다익선은 다시 해석된다. 많이 가지는 것이 아니라, 효용이 가장 큰 선택을 하는 것이 중요하다. 소비의 양이 아니라 질이 문제이며, 더 많은 소비가 아니라 더 나은 선택이 행복을 만든다. 이는 개인 소비자에게도, 사회 전체의 자원 배분에도 중요한 교훈을 준다.

성장의 시대에서 성숙의 시대로
—다다익선의 재해석

한계효용 체감의 법칙은 개인 소비를 넘어 사회와 국가의 선택에도 적용된다. 경제 성장 초기에는 생산과 소비를 늘리는 것이 분명한 효과를 낸다. 도로를 만들고, 공장을 세우고, 교육과 의료에 투자하면 사회 전체의 효용이 크게 증가한다. 이 시기에는 다다익선이 어느 정도 유효하다.

그러나 일정 수준을 넘어서면 이야기가 달라진다. 더 많은 성장, 더 많은 개발이 반드시 더 큰 행복으로 이어지지 않는다. 환경 파괴, 과로, 경쟁 과열과 같은 부작용이 나타난다. 사회의 한계효용은 점점 낮아지고, 때로는 음수가 되기도 한다. 이때 필요한 것은 양적 확대가 아니라 질적 전환이다.

동양의 지혜는 이를 '과욕을 경계하라'는 말로 정리한다. 자연은 무한히 수용하지 않는다. 인간 사회도 마찬가지다. 다다익선이라는 말은 성장의 시대에는 추진력이 되지만, 성숙의 시대에는 재해석되어야 한다. 더 많이 갖는 것이 아니라, 더 잘 나누고, 더 오래 지속하는 것이 중요해진다.

결국 다다익선은 단순한 긍정의 구호가 아니다. 그것은 언제, 어디까지가 '더'인지 묻는 질문이다. 한계효용의 법칙은 우리에게 말한다. 욕망에는 한계가 없지만, 만족에는 분명한 한계가 있다고. 그 한계를 아는 것이 개인에게는 지혜이고, 사회에는 성숙이다.

과유불급 過猶不及

과잉 생산이 부르는 경제적 불균형

부족보다 두려운 것은
넘침이다

경제를 움직이는 힘은 결핍에서 나온다고들 말한다. 물자가 부족하면 가격은 오르고, 사람들은 더 많이 만들기 위해 움직인다. 그래서 직관적으로는 '많이 만들수록 좋다'고 생각하기 쉽다. 그러나 시장은 단순하지 않다. '과유불급(過猶不及)', 지나침은 모자람만큼이나 해롭다. 이 오래된 동양의 격언은 현대 경제의 중요한 진실을 정확히 짚고 있다.

과잉 생산은 처음에는 번영처럼 보인다. 공장은 풀가동되고, 고용은 늘어나며, 생산량은 기록을 경신한다. 그러나 수요가 이를 따라오지 못하면 상황은 급변한다. 팔리지 않는 재고가 쌓이고, 가격은 하락하며, 기업의 수익성은 악화된다. 결국 생산을 줄이거나 구조조정에 나서야 한다. 넘치던 활력은 순식간에 침체로 바뀐다.

동양 사상에서 말하는 '중(中)'은 단순한 평균이 아니다. 상황에 맞는 적절함, 즉 때와 분수를 아는 것이다. 경제에서도 마찬가지다. 수요를 넘어선 생산은 자원의 낭비일 뿐 아니라, 가격 질서를 무너뜨리고 시장의 신호를 왜곡한다. 부족은 가격을 통해 빠르게 교정되지만, 과잉은 오히려 더 큰 혼란을 낳는다. 그래서 경제에서는 종종 부족보다 넘침이 더 위험하다.

재고의 산, 가격의 추락
—과잉 생산의 메커니즘

과잉 생산이 왜 문제인가를 이해하려면 가격의 역할을 다시 보아야 한다. 가격은 수요와 공급이 만나는 지점에서 형성되며, 생산자와 소비자에게 동시에 신호를 보낸다. "이만큼 만들라.", "이 정도 사라."라는 사회적 메시지다. 그러나 생산이 수요를 크게 초과하면 이 신호는 왜곡된다.

재고가 쌓이기 시작하면 기업은 두 가지 선택 앞에 놓인다. 가격을 낮춰서라도 팔 것인가, 아니면 생산을 줄일 것인가. 대개는 가격 인하가 먼저다. 하지만 가격 경쟁이 심해지면 이윤은 급격히 줄어든다. 한 기업의 가격 인하는 다른 기업의 추가 인하를 부르고, 시장 전체가 출혈 경쟁에 빠진다. 이 과정에서 살아남는 기업은 줄어들고, 고용은 위축된다.

동양의 지혜는 이러한 상황을 오래전부터 경계했다. 지나친 욕심은 결국 스스로를 해친다는 것이다. 과잉 생산은 기업의 욕심이 아니라, 미래를 잘못 읽은 판단의 결과다. 수요를 냉정하게 보지 못하고, 성장의 관성에 기대 생산을 늘리면 시장은 냉혹한 방식으로 응답한다. 가격 하락이라는 형태로 말이다.

이때 흥미로운 점은, 과잉 생산이 오히려 '결핍의 경험'을 만들어 낸다는 사실이다. 기업은 현금이 부족해지고, 노동자는 일자리를 잃으며, 소비자는 선택지가 줄어든다. 물건은 넘쳐났지만, 경제의 활력은 사라진다. 넘침이 결핍으로 전환되는 이 역설이 바로 과유불급의 경제적 실체다.

균형의 미학
―적정 생산이 만드는 지속 가능성

과유불급의 교훈은 단기적 경기 조절을 넘어, 장기적인 경제 운영의 원칙으로 확장된다. 지속 가능한 성장은 무작정 많은 생산에서 나오지 않는다. 수요의 질과 구조를 읽고, 변화의 속도에 맞춰 생산을 조절하는 능력에서 나온다. 이는 기술과 데이터의 문제가 아니라, 판단과 절제의 문제다.

동양 철학에서는 자연의 순환을 중시한다. 봄에 씨를 뿌리고, 여름에 가꾸며, 가을에 거두고, 겨울에는 쉬는 것이 질서다. 사계절을 무시하고 한 계절에 모든 것을 쏟아붓는다면 땅은 황폐해진다. 경제도 마찬가지다. 호황기에 과도한 투자를 이어 가면, 불황기의 충격은 더 커진다.

적정 생산이란 성장의 포기가 아니다. 오히려 더 오래, 더 안정적으로 성장하기 위한 전략이다. 수요의 변화에 민감하게 반응하고, 과잉의 조짐이 보일 때 속도를 조절하는 기업과 국가는 위기에서 회복이 빠르다. 이는 동양의 말로 하면 절제의 용기다. 더 만들 수 있어도 멈출 줄 아는 힘이다.

결국 과유불급은 경제에 대한 도덕적 훈계가 아니다. 그것은 시장의 작동 원리를 가장 간결하게 설명하는 지혜다. 넘치면 가격이 무너지고, 무너지면 질서가 흔들린다. 적정함을 지키는 것이야말로 가장 합리적인 선택이다. 시장은 늘 말하고 있다. "지나치지 말라."라고. 그 신호를 읽어 내는 것이 경제를 이해하는 다음 단계다.

일석이조 一石二鳥

기회비용과 선택의 효율성

선택하지 않은 것의 값
—기회비용의 본질

사람은 하루에도 수없이 많은 선택을 한다. 무엇을 먹을지, 어떤 일을 할지, 시간을 어디에 쓸지 결정한다. 이때 우리는 흔히 '이 선택이 얼마의 이익을 주는가'만 따진다. 그러나 경제학은 한 걸음 더 나아간 질문을 던진다.

"이 선택으로 무엇을 포기했는가."

이 질문이 바로 '기회비용'의 출발점이다.

일석이조(一石二鳥)는 한 번의 행동으로 두 가지 이익을 얻는다는 뜻이다. 누구나 선호하는 선택의 이상형이다. 하지만 현실의 선택은 늘 일석이조가 아니다. 하나를 얻으면 반드시 다른 하나를 잃는다. 시간을 공부에 쓰면 휴식은 줄어들고, 돈을 투자에 쓰면 당장의 소비는 포기해야 한다. 선택의 순간마다 보이지 않는 비용이 발생한다. 이것이 기회비용이다.

동양의 지혜는 오래전부터 선택의 무게를 강조해 왔다. "길은 하나이나, 끝은 다르다."라는 말처럼, 선택은 방향을 결정하고 되돌릴 수 없는 결과를 낳는다. 경제학에서 기회비용은 단순한 계산이 아니라, 삶의 우선순위를 묻는 개념이다. 무엇을 택했는지보다, 무엇을 버렸는지를 아는 사람이 더 합리적인 선택을 한다.

효율의 착각
―공짜 점심은 없다

현대 사회는 효율을 최고의 가치로 여긴다. 적은 비용으로 큰 성과를 내는 것이 미덕이다. 그래서 일석이조라는 말은 경영, 투자, 정책의 세계에서 자주 등장한다. 그러나 경제학은 단호하게 말한다. 공짜 점심은 없다. 겉으로는 이익만 보이는 선택도, 그 이면에는 반드시 대가가 숨어 있다.

예를 들어 정부가 경기 부양을 위해 재정을 확대하면 단기적으로는 성장과 고용을 동시에 얻는 것처럼 보인다. 하지만 그 재원은 미래의 세금이거나 부채다. 오늘의 일석이조는 내일의 부담으로 돌아온다. 기업이 비용 절감을 위해 인력을 줄이면 수익성은 개선되지만, 조직의 경험과 신뢰는 약화될 수 있다. 개인도 마찬가지다. 야근을 통해 소득을 늘리면 당장은 이익이지만, 건강과 관계의 비용을 치르게 된다.

동양 철학은 이를 음양의 균형으로 설명한다. 양(陽)이 강해지면 음(陰)이 약해지고, 한쪽이 과하면 다른 쪽에서 균형을 요구한다. 기회비용은 바로 이 균형의 언어다. 겉으로 드러난 이익만 보고 선택하면, 숨겨진 비용은 나중에 더 큰 형태로 돌아온다. 진정한 효율은 단기적 성과가 아니라, 전체 맥락 속에서의 조화다.

현명한 선택의 기준
―일석이조는 가능한가

　그렇다면 일석이조는 환상에 불과한 말일까. 반드시 그렇지는 않다. 경제학이 말하는 기회비용은 모든 선택에 비용이 있다는 사실을 알려주지만, 동시에 비용 대비 가장 큰 가치를 만드는 선택이 가능하다는 것도 인정한다. 핵심은 무엇을 동시에 얻고, 무엇을 감수할 것인지를 명확히 아는 데 있다.

　진정한 일석이조는 우연이 아니라 설계의 결과다. 개인의 삶에서는 공부와 경험을 동시에 쌓는 선택, 일과 성장을 함께 가져가는 경로가 여기에 해당한다. 기업에서는 장기 투자를 통해 경쟁력과 신뢰를 동시에 확보하는 전략이 그렇다. 국가 역시 교육과 혁신에 투자해 성장과 분배의 선순환을 만드는 것이 가능한 일석이조다.

　동양의 지혜는 이를 지혜로운 분별이라 부른다. 모든 것을 동시에 얻으려는 욕심은 실패로 이어지지만, 본질을 정확히 꿰뚫은 선택은 여러 효과를 낳는다. 기회비용을 외면하지 않고 직시하는 태도야말로 일석이조에 가장 가까운 길이다.

　결국 선택의 질은 계산의 정확성보다 인식의 깊이에 달려 있다. 무엇을 얻을지보다, 무엇을 버릴지를 아는 사람은 흔들리지 않는다. 일석이조는 운이 아니라 통찰의 결과다. 기회비용을 이해하는 순간, 우리는 선택의 주인이 된다.

어부지리 漁夫之利

외부효과와 제삼자의 이득

싸우는 둘, 웃는 셋
―외부효과의 출발점

고사성어 어부지리는 조개와 도요새가 서로 다투다 둘 다 지쳐 쓰러지고, 그 틈을 타 어부가 손쉽게 둘을 잡았다는 이야기에서 비롯된다. 이 말은 흔히 분쟁의 당사자가 아닌 제삼자가 이득을 얻는 상황을 가리킨다. 경제학에서 이 장면은 매우 익숙하다. 바로 외부효과의 전형적인 모습이기 때문이다.

외부효과란 어떤 경제 활동이 거래에 직접 참여하지 않은 제삼자에게 영향을 미치는 현상을 말한다. 공장에서 제품을 생산하는 행위는 기업과 소비자 사이의 거래처럼 보이지만, 그 과정에서 발생하는 소음이나 오염은 인근 주민에게 영향을 준다. 이때 주민은 거래에 참여하지 않았지만 피해를 본다. 반대로 한 사람이 정원을 가꾸면 그 주변을 지나는 사람들도 쾌적함을 누린다. 이 역시 외부효과다.

시장은 원래 거래 당사자의 이익과 비용만을 가격에 반영한다. 조개와 도요새의 싸움은 그들 사이의 문제일 뿐이지만, 그 결과는 어부에게 새로운 기회를 제공한다. 외부효과가 발생하는 순간, 시장의 가격은 사회 전체의 비용과 이익을 온전히 담아내지 못한다. 이 지점에서 어부지리는 단순한 우화가 아니라, 시장 실패의 은유가 된다.

보이지 않는 피해와
보이지 않는 혜택

외부효과는 크게 두 가지로 나뉜다. 부정적 외부효과와 긍정적 외부효과다. 환경오염, 교통 혼잡, 소음 공해는 부정적 외부효과의 대표적인 사례다. 이런 경우, 생산자는 비용을 충분히 부담하지 않고, 사회 전체가 그 대가를 나눠 떠안는다. 이는 가격이 실제보다 낮게 형성되도록 만들고, 과도한 생산과 소비를 유도한다.

반대로 교육, 예방 접종, 연구 개발처럼 사회 전체에 이익을 주는 활동은 긍정적 외부효과를 낳는다. 이 경우 개인은 자신이 얻는 이익만 고려하기 때문에, 사회적으로 바람직한 수준보다 적게 소비되거나 투자된다. 결과적으로 시장은 스스로 최적의 결과를 만들어 내지 못한다.

동양의 지혜는 이 상황을 '연결됨'의 관점에서 본다. 인간의 행위는 결코 고립되어 있지 않으며, 나의 선택은 반드시 타인에게 영향을 미친다. 어부지리는 우연한 행운처럼 보이지만, 그 이면에는 관계의 얽힘이 있다. 시장에서 외부효과를 무시하는 것은, 이러한 관계망을 외면하는 것과 같다.

그래서 외부효과가 큰 영역일수록 사회적 개입이 논의된다. 환경 규제, 세금, 보조금, 공공 투자 등은 외부효과를 가격에 반영하려는 시도다. 이는 시장을 부정하는 것이 아니라, 시장이 보지 못하는 것을 보완하는 역할이다. 어부지리가 반복되는 시장은 공정하지도, 효율적이지도 않다.

공존의 경제
—어부지리를 줄이는 선택

외부효과의 문제를 해결하는 방법은 단순히 규제를 강화하는 것만이 아니다. 중요한 것은 행위의 결과를 스스로 인식하고 책임지는 문화다. 동양 사상은 오래전부터 개인의 이익 추구가 공동체와 조화를 이루어야 한다고 강조해 왔다. 이는 경제학적으로도 매우 합리적인 주장이다.

기업이 환경 비용을 고려해 생산 방식을 바꾸고, 개인이 공공의 이익을 염두에 두고 선택한다면, 외부효과는 자연스럽게 줄어든다. 기술 혁신 역시 중요한 역할을 한다. 오염을 줄이는 기술, 공유 자원을 효율적으로 관리하는 시스템은 시장의 효율성과 공존을 동시에 높인다.

어부지리의 이야기는 결국 질문을 던진다. 누가 이득을 보고, 누가 비용을 치르고 있는가. 이 질문을 외면할 때, 시장은 왜곡되고 갈등은 깊어진다. 반대로 이 질문을 정면으로 마주할 때, 시장은 성숙해진다.

외부효과를 이해하는 것은 경제를 넘어 사회를 이해하는 열쇠다. 나의 선택이 타인에게 미치는 영향을 고려하는 순간, 우리는 더 이상 조개나 도요새가 아니라, 어부의 시선을 갖게 된다. 그러나 진정한 지혜는 어부가 되는 것이 아니라, 싸움 자체를 줄이는 질서를 만드는 데 있다. 그것이 공존의 경제이며, 어부지리를 넘어서려는 인간의 선택이다.

동상이몽 同床異夢

정보의 비대칭성과 레몬 마켓

같은 침상, 다른 꿈
—정보의 격차가 생기는 순간

'동상이몽'은 같은 자리에 누워 있으면서도 서로 다른 꿈을 꾼다는 뜻이다. 겉으로는 함께하지만, 속내는 전혀 다르다. 이 사자성어는 인간관계의 불화를 설명할 때 자주 쓰이지만, 경제학에서는 시장의 본질적 취약성을 꿰뚫는 은유가 된다. 바로 정보의 비대칭성이다.

시장에서 거래는 서로의 정보를 바탕으로 이루어진다. 물건을 파는 사람은 자신의 상품을 잘 알고, 사는 사람은 그 가치를 가늠하려 한다. 문제가 되는 지점은 이 정보가 대칭적이지 않을 때다. 판매자는 품질을 정확히 알지만, 구매자는 그 정보를 완전히 알 수 없다. 이 순간, 같은 거래의 장에 있으면서도 각자의 꿈은 달라진다. 판매자는 최대의 이익을, 구매자는 최소의 위험을 꿈꾼다.

동양의 지혜는 오래전부터 겉과 속의 불일치를 경계해 왔다. 말과 마음이 다르고, 형식과 내용이 어긋날 때 갈등은 싹튼다. 시장에서도 마찬가지다. 정보의 격차는 불신을 낳고, 불신은 거래를 위축시킨다. 동상이몽의 상태가 지속되면, 시장은 더 이상 활발한 교환의 공간이 아니라 서로를 의심하는 장으로 변한다.

레몬만 남는 시장
―불신이 품질을 밀어내다

정보의 비대칭성이 극단으로 치달으면 레몬 마켓이 나타난다. 여기서 '레몬'은 겉보기에는 멀쩡하지만 실제로는 품질이 나쁜 상품을 뜻한다. 중고차 시장을 떠올려 보자. 판매자는 차의 상태를 잘 알고 있지만, 구매자는 그렇지 못하다. 구매자는 혹시 '레몬'을 살지 모른다는 불안을 가격에 반영한다. 결과적으로 평균 가격은 낮아진다.

이때 어떤 일이 벌어질까. 품질이 좋은 차를 가진 판매자는 낮아진 가격에 만족하지 못하고 시장을 떠난다. 반면 품질이 나쁜 차를 가진 판매자는 기꺼이 남는다. 시간이 지날수록 시장에는 '레몬'만 남게 된다. 불신이 품질을 밀어내는 순간이다.

동양의 관점에서 보면 이는 신뢰의 붕괴다. 신뢰는 눈에 보이지 않지만, 시장을 지탱하는 핵심 자산이다. 정보가 불균형한 상태에서 신뢰마저 사라지면, 거래는 위축되고 시장은 축소된다. 이는 단순히 가격의 문제가 아니라, 관계의 문제다. 서로를 믿지 못하는 사회에서 협력은 지속될 수 없다.

레몬 마켓의 교훈은 분명하다. 시장은 정보의 흐름 위에서 작동한다. 정보가 왜곡되거나 가려질수록, 좋은 것은 사라지고 나쁜 것만 남는다. 이는 기업, 금융, 노동 시장 등 거의 모든 영역에서 반복된다. 동상이몽이 장기화되면, 결국 모두가 손해를 본다.

신뢰를 복원하는 장치
―정보의 투명성과 제도의 역할

그렇다면 정보의 비대칭성은 피할 수 없는 운명일까. 반드시 그렇지는 않다. 시장은 스스로 신뢰를 복원하는 장치를 발전시켜 왔다. 보증서, 평판 시스템, 인증 제도, 공시 의무 등이 그 예다. 이는 판매자가 자신의 정보를 일정 부분 공개하고, 품질에 대한 책임을 지겠다는 신호다.

동양 사상에서는 이를 성실과 신의(信義)의 문제로 본다. 말과 행동이 일치할 때 신뢰가 쌓이고, 신뢰가 쌓일수록 관계는 깊어진다. 경제학적으로도 이는 합리적이다. 신뢰가 높은 시장일수록 거래 비용은 낮아지고, 협력은 확대된다. 정보의 비대칭성을 줄이는 것은 도덕적 요구이자, 효율을 높이는 전략이다.

국가와 제도의 역할도 중요하다. 최소한의 규칙과 감시는 정보 왜곡을 줄이고, 시장 참여자들이 같은 꿈을 꾸도록 돕는다. 동상이몽의 상태를 완전히 없앨 수는 없지만, 그 간극을 줄일 수는 있다. 시장은 완벽한 정보의 공간이 아니라, 정보를 점점 더 공유하려는 과정이기 때문이다.

결국 동상이몽은 시장의 약점을 드러내는 동시에, 성숙의 방향을 제시한다. 같은 침상에서 다른 꿈을 꾸는 사회는 오래 지속될 수 없다. 정보를 나누고 신뢰를 쌓는 순간, 꿈은 서서히 겹치기 시작한다. 경제는 숫자의 게임이지만, 그 밑바탕에는 언제나 인간의 믿음이 있다. 그 믿음이 무너질 때 시장도 흔들린다. 이를 아는 것이 미시경제의 또 하나의 핵심이다.

약육강식 弱肉強食

독과점 시장의 냉혹한 논리

힘의 논리가 지배하는 순간
—경쟁에서 지배로

'약육강식'은 강한 자가 약한 자를 먹는다는 뜻이다. 자연의 냉혹한 생존 법칙을 묘사하는 이 말은, 안타깝게도 많은 시장의 현실을 설명하는 데도 정확히 들어맞는다. 경제학에서 이상적인 시장은 수많은 경쟁자가 존재하고, 누구도 가격을 좌지우지하지 못하는 상태다. 그러나 현실의 시장은 종종 이 이상에서 멀어진다. 경쟁은 점차 줄어들고, 소수의 강자가 시장을 지배한다.

독과점 시장은 이렇게 탄생한다. 기술력, 자본력, 규모의 경제를 앞세운 기업들이 경쟁자를 밀어내고, 결국 시장의 규칙을 스스로 정하는 위치에 오른다. 이 과정은 언제나 불법적이거나 비도덕적인 방식으로만 이루어지지 않는다. 오히려 효율과 혁신의 결과처럼 보일 때가 많다. 더 싸게 만들고, 더 빠르게 공급하며, 더 편리한 서비스를 제공한 기업이 살아남는 것은 자연스러운 일이다.

문제는 그 이후다. 경쟁자가 사라진 시장에서 강자는 더 이상 소비자의 눈치를 볼 필요가 없어진다. 가격은 오르고, 선택지는 줄어들며, 혁신의 속도는 느려진다. 시장은 더 이상 수요와 공급의 균형이 작동하는 공간이 아니라, 힘의 논리가 지배하는 장이 된다. 약육강식은 이때부터 본격적으로 모습을 드러낸다.

독점의 비용
―보이지 않게 치러지는 대가

독과점의 가장 큰 문제는 그 비용이 눈에 잘 띄지 않는다는 점이다. 가격 인상은 서서히 이루어지고, 서비스의 질 하락도 점진적이다. 소비자는 불만을 느끼지만, 대안이 없다. 시장에 남은 선택지가 없기 때문이다. 이때 소비자가 치르는 비용은 단순히 비싼 가격만이 아니다. 선택할 자유의 상실이 가장 큰 대가다.

경제학적으로 독과점은 사회적 후생을 감소시킨다. 경쟁 시장에서는 가격이 한계비용에 가까워지지만, 독점 시장에서는 가격이 의도적으로 높게 유지된다. 그 차이는 기업의 초과 이윤으로 전환된다. 이는 기업의 성공처럼 보이지만, 사회 전체로 보면 비효율이다. 생산은 줄고, 소비는 위축된다.

동양의 지혜는 이를 오래전부터 경고해 왔다. 지나친 힘은 균형을 무너뜨리고, 균형이 무너지면 결국 강자 자신도 위험에 처한다. 자연에서도 한 종이 지나치게 번성하면 생태계 전체가 불안정해진다. 시장도 마찬가지다. 독점은 단기적으로는 강자에게 유리하지만, 장기적으로는 혁신의 토양을 말린다. 경쟁이 없는 곳에서는 긴장도, 발전도 사라진다.

힘을 길들이는 제도
─약육강식을 넘어서

그렇다면 약육강식은 피할 수 없는 시장의 운명일까. 경제학의 대답은 그렇지 않다는 것이다. 시장의 힘은 강력하지만, 제도와 규칙을 통해 길들일 수 있다. 공정거래법, 경쟁 정책, 반독점 규제는 시장을 억압하기 위한 장치가 아니라, 시장을 살리기 위한 장치다.

동양 철학에서 강한 힘은 덕과 함께할 때만 오래간다. 무력만 앞세운 권력은 오래 지속되지 못한다는 교훈은 역사 속에서 반복되어 왔다. 기업도 마찬가지다. 소비자의 신뢰, 사회적 책임, 공정한 거래 관행이 뒷받침되지 않는 힘은 결국 반발을 부른다.

독과점 규제의 목적은 강자를 벌주기 위함이 아니다. 경쟁의 장을 복원하고, 약자가 다시 도전할 수 있는 여지를 만드는 데 있다. 이는 시장의 활력을 되살리고, 장기적으로는 강자에게도 이익이 된다. 지속 가능한 경쟁 환경에서만 혁신은 이어지기 때문이다.

약육강식의 논리는 자연의 일부일 수 있지만, 인간 사회의 목표는 그것을 그대로 모방하는 데 있지 않다. 경제는 생존의 투쟁이 아니라, 공존의 질서를 만드는 과정이다. 힘을 가진 자가 책임을 다할 때, 시장은 다시 균형을 찾는다. 그것이 독과점의 냉혹함을 넘어서는 길이며, 미시경제가 우리에게 던지는 중요한 메시지다.

백가쟁명百家爭鳴

완전경쟁시장이 가져오는 혁신

많은 목소리가
시장을 살린다

'백가쟁명'은 여러 학파가 각자의 주장을 자유롭게 펼치며 논쟁하던 시대를 가리킨다. 이 말의 핵심은 단순한 소란이 아니다. 다양한 생각이 충돌할수록 진리는 더 선명해진다는 믿음이다. 경제에서 이 사자성어는 완전경쟁시장의 정신을 정확히 표현한다. 많은 생산자와 소비자가 참여하고, 누구도 가격이나 규칙을 좌우하지 못하는 시장. 그곳에서는 수많은 시도가 동시에 이루어진다.

완전경쟁시장에서 기업은 가격 결정권을 갖지 않는다. 가격은 시장에서 주어진 조건이며, 기업은 그 가격 아래에서 가장 효율적으로 생산해야 살아남는다. 이 구조는 잔인해 보일 수 있지만, 동시에 공정하다. 누구에게나 같은 규칙이 적용되고, 실력과 효율이 성과를 좌우한다. 백가쟁명처럼, 말할 기회는 모두에게 열려 있다.

동양의 지혜는 독점적 진리를 경계했다. 하나의 목소리가 모든 것을 규정할 때, 사고는 경직되고 발전은 멈춘다. 시장도 마찬가지다. 경쟁자가 많을수록 가격은 낮아지고, 품질은 올라가며, 소비자는 더 많은 선택지를 얻는다. 백가쟁명의 시장은 혼란스러워 보일지 모르지만, 그 혼란 속에서 질서는 스스로 만들어진다.

가격은 말한다
―경쟁이 만드는 투명한 신호

완전경쟁시장의 가장 큰 장점은 가격의 신뢰성이다. 수많은 거래가 축적된 결과로 형성된 가격은 사회가 합의한 가치의 척도에 가깝다. 어느 한 기업의 의도가 아니라, 다수의 선택이 반영된다. 그래서 가격은 생산자에게는 "더 만들라." 혹은 "줄이라." 하는 신호가 되고, 소비자에게는 "지금 사라." 혹은 "기다려라."라는 메시지가 된다.

이 투명한 신호는 자원의 효율적 배분을 가능하게 한다. 수익성이 높은 분야에는 자본과 노동이 몰리고, 그렇지 않은 분야에서는 자연스럽게 빠져나간다. 동양 철학에서 말하는 자연스러운 흐름, 즉 무위(無爲)의 질서와 닮아 있다. 억지로 통제하지 않아도, 경쟁은 스스로 균형을 만든다.

그러나 완전경쟁은 이상형에 가깝다. 현실에서는 정보의 격차, 규모의 차이, 진입 장벽이 존재한다. 그럼에도 불구하고 이 개념이 중요한 이유는, 우리가 어디를 향해 가야 하는지를 알려 주기 때문이다. 백가쟁명의 정신은 시장을 설계하는 기준이 된다. 경쟁을 막는 장벽은 낮추고, 새로운 참여자의 진입을 돕는 정책은 이 정신에 부합한다.

경쟁의 열매
―혁신과 진보의 토양

경쟁은 단순히 가격을 낮추는 힘이 아니다. 그것은 혁신을 촉진하는 압력이다. 완전경쟁에 가까운 시장에서는 기업이 안주할 수 없다. 조금만 뒤처져도 소비자는 다른 선택을 한다. 이 긴장감이 기술 개선, 서비스 혁신, 비용 절감을 끊임없이 자극한다.

동양의 백가쟁명은 단순한 논쟁의 시대가 아니라, 사상의 도약기였다. 서로 다른 관점이 맞부딪히며 새로운 해답이 탄생했다. 시장에서도 경쟁은 실패를 허용하고, 그 실패 위에서 더 나은 해법을 낳는다. 실패한 기업은 사라지지만, 그 과정에서 축적된 경험과 기술은 사회 전체의 자산이 된다.

물론 경쟁에는 비용도 따른다. 불안정한 고용, 치열한 압박, 단기 성과에 대한 집착이 생길 수 있다. 그래서 경쟁은 질서와 규칙 속에서 작동해야 한다. 공정한 경쟁, 투명한 정보, 최소한의 안전망이 함께할 때 백가쟁명은 혼란이 아니라 진보의 엔진이 된다.

결국 백가쟁명은 경제에 대한 낙관적 믿음을 담고 있다. 다양한 시도가 허용될 때, 시장은 스스로 배우고 진화한다는 믿음이다. 하나의 답을 강요하지 않고, 수많은 답을 실험하게 할 때 경제는 살아 움직인다. 경쟁은 목적이 아니라 수단이며, 그 수단이 잘 작동할 때 혁신은 일상이 된다. 이것이 완전경쟁시장이 우리에게 주는 가장 큰 교훈이다.

진퇴양난 進退兩難

매몰비용의 함정에서 벗어나기

물러서자니 아깝고,
나아가자니 불안한 선택

'진퇴양난'은 앞으로 나아가기도, 뒤로 물러서기도 어려운 곤란한 처지를 뜻한다. 전쟁터에서의 포위 상황을 묘사하는 이 사자성어는, 오늘날 경제적 선택의 순간을 설명하는 데도 놀라울 만큼 잘 어울린다. 특히 이미 많은 시간과 돈, 노력을 투입한 뒤에 맞닥뜨리는 선택의 갈림길에서 사람들은 쉽게 진퇴양난에 빠진다.

경제학은 이 상황의 핵심 원인으로 매몰비용을 지목한다. 매몰비용이란 이미 지출되어 되돌릴 수 없는 비용을 말한다. 중요한 점은, 이 비용이 앞으로의 합리적 의사결정에는 영향을 미쳐서는 안 된다는 사실이다. 그러나 현실에서 사람은 그렇지 않다. '여기까지 왔는데.', '이만큼 썼는데.'라는 생각이 판단을 붙잡는다.

동양의 지혜는 이를 집착의 문제로 본다. 이미 지나간 것에 마음을 묶어 두면, 현재의 판단은 흐려진다. 진퇴양난은 상황의 문제가 아니라, 마음의 문제인 경우가 많다. 경제학이 말하는 매몰비용의 오류는,

인간이 과거에 지나치게 충성할 때 발생한다.

왜 사람은
매몰비용에 집착하는가

매몰비용의 함정이 강력한 이유는 그것이 단순한 계산의 오류가 아니라, 심리적 방어 기제이기 때문이다. 이미 투자한 선택을 포기하는 것은 실패를 인정하는 일처럼 느껴진다. 손실을 확정 짓는 순간의 고통은, 미래의 불확실성보다 더 크게 다가온다.

기업 경영에서도 이 현상은 반복된다. 수익성이 떨어진 사업임을 알면서도 '곧 나아질 것'이라는 기대 아래 투자를 계속한다. 국가 정책도 마찬가지다. 막대한 예산이 투입된 사업일수록 중단은 정치적으로 어려워진다. 이미 쓴 돈이 많을수록, 더 많은 돈을 쏟아붓는 역설이 벌어진다.

동양 사상에서는 이를 집착(執着)이라 부른다. 집착은 과거의 선택을 지키기 위한 마음의 굴레다. 그러나 자연은 늘 앞으로 흐른다. 강물은 이미 흘러간 물을 붙잡지 않는다. 경제학의 조언도 같다. 이미 지출된 비용은 잊고, 오직 앞으로의 비용과 이익만을 기준으로 판단하라. 이는 냉정함이 아니라, 가장 합리적인 태도다.

물러날 줄 아는 용기
—합리성의 회복

진퇴양난에서 벗어나는 길은 분명하다. 과거와 결별하는 용기다. 경제학적으로 옳은 선택은, 지금 이 순간부터 가장 나은 결과를 가져오는 방향이다. 이미 들인 비용은 되돌릴 수 없지만, 앞으로의 손실은 줄일 수 있다. 문제는 이를 받아들이는 마음의 준비다.

동양의 지혜는 때로 물러남을 용기로 본다. 무모한 전진보다 현명한 후퇴가 더 큰 승리가 될 수 있다는 것이다. 손실을 인정하고 방향을 바꾸는 선택은 약함이 아니라 성숙이다. 시장에서도 마찬가지다. 실패한 투자에서 빠르게 손을 떼는 사람은 다음 기회를 잡을 수 있다.

진퇴양난은 누구에게나 찾아온다. 중요한 것은 그 상황을 어떻게 해석하느냐다. 매몰비용의 함정에 빠지면, 선택은 점점 좁아지고 손실은 커진다. 반대로 과거를 내려놓으면, 시야는 다시 넓어진다. 경제는 숫자의 계산이지만, 그 계산을 가능하게 하는 것은 마음의 자유다.

결국 진퇴양난의 교훈은 단순하다. 이미 지나간 비용은 판단의 기준이 될 수 없다. 과거에 대한 충성보다 미래에 대한 책임이 더 중요하다. 매몰비용을 잊는 순간, 선택은 다시 살아 움직인다. 그것이 합리성의 회복이며, 경제가 우리에게 가르치는 또 하나의 삶의 지혜다.

주객전도 主客顚倒

대리인 문제와 도덕적 해이

주인은 사라지고,
대리인이 앞에 선다

'주객전도'는 주인과 손님의 자리가 뒤바뀌었다는 뜻이다. 본래 중심이 되어야 할 것이 밀려나고, 수단이 목적을 대신하는 상황을 가리킨다. 이 사자성어는 인간관계의 혼란을 묘사하는 데 자주 쓰이지만, 경제학에서는 매우 구체적인 문제를 설명한다. 바로 대리인 문제다.

현대 경제는 대부분의 활동이 '위임' 위에서 이루어진다. 주주는 경영을 전문경영인에게 맡기고, 국민은 국가 운영을 정부에 위임하며, 고객은 자신의 자산을 금융기관에 맡긴다. 이때 맡기는 사람은 '주인(본인)'이고, 맡은 사람은 '대리인'이다. 문제는 이 둘의 이해관계가 항상 일치하지 않는다는 데서 시작된다.

주인은 장기적 가치와 전체 이익을 원하지만, 대리인은 단기 성과나 개인적 보상을 더 중시할 수 있다. 정보는 대리인이 더 많이 가지고 있고, 주인은 그 행동을 완전히 관찰할 수 없다. 이 순간 시장과 조직 안에서는 미묘한 균열이 생긴다. 주객전도는 이렇게 조용히 시작된다.

동양의 지혜는 오래전부터 "자리를 지켜야 할 자가 그 자리를 벗어나면 혼란이 온다."라고 경고했다. 주인과 대리인의 역할이 흐려질수록 책임은 분산되고, 결정은 왜곡된다. 이는 도덕의 문제이기 이전에, 구조의 문제다.

책임이 흐려질 때
—도덕적 해이의 탄생

대리인 문제가 심화되면 도덕적 해이가 나타난다. 도덕적 해이란, 자신의 행동에 따른 비용을 스스로 부담하지 않을 때 발생하는 무책임한 선택을 말한다. 손실은 남이 떠안고, 이익은 자신이 가져가는 구조에서 사람은 쉽게 방심한다.

대표적인 사례가 금융 시장이다. 금융기관이 과도한 위험을 감수하는 이유 중 하나는, 실패했을 때 그 피해를 사회가 떠안을 것이라는 기대 때문이다. '너무 커서 망할 수 없는' 조직은, 스스로를 주인처럼 행동하게 만든다. 이때 진짜 주인인 국민과 고객은 뒤로 밀려난다.

기업 조직에서도 비슷한 일이 벌어진다. 성과급 중심의 보상 체계는 단기 실적을 부풀리는 유인을 만들고, 장기적 위험은 다음 사람에게 넘겨진다. 정치 영역에서는 책임이 불분명할수록 인기 위주의 정책이 남발된다. 도덕적 해이는 개인의 윤리 문제라기보다, 책임과 보상이 어긋난 구조의 결과다.

동양 사상은 이를 '책임 없는 권한'의 위험으로 보았다. 권한에는 반드시 책임이 따라야 하고, 책임 없는 힘은 반드시 탈선을 낳는다는 것이다. 주객전도의 본질은 권한과 책임의 분리다. 이 분리가 커질수록 시장은 불안정해지고, 신뢰는 붕괴된다.

자리를 바로 세우는 일
―신뢰의 복원

주객전도를 바로잡는 해법은 명확하다. 역할과 책임을 다시 연결하는 것이다. 경제학에서는 이를 인센티브 설계라고 부른다. 대리인의 보상이 주인의 이익과 일치하도록 만들면, 문제는 상당 부분 완화된다. 주주 가치와 연동된 보상, 성과에 대한 투명한 평가, 실패에 대한 책임 부과는 모두 같은 방향을 가리킨다.

동양의 지혜는 이를 '명분과 실리의 합치'로 설명한다. 맡은 자는 맡은 자리에서 자신의 역할을 자각해야 하고, 주인은 감시와 신뢰를 동시에 유지해야 한다. 지나친 불신은 비효율을 낳지만, 무조건적인 신뢰는 방임이 된다. 균형이 중요하다.

제도 역시 중요한 역할을 한다. 공시와 감사, 규제와 견제 장치는 주객전도를 예방하는 최소한의 안전장치다. 이는 시장을 억누르기 위한 장치가 아니라, 시장이 제 역할을 하도록 돕는 틀이다. 주인이 다시 중심에 설 때, 대리인은 본래의 기능을 회복한다.

결국 주객전도의 문제는 경제를 넘어 사회 전반의 신뢰 문제로 이어진다. 맡긴 자가 불안해지고, 맡은 자가 오만해질 때 공동체는 흔들린다. 주인과 대리인의 관계를 바로 세우는 일은, 효율을 높이기 위한 기술이자 공존을 지키기 위한 지혜다.

시장은 위임 위에서 돌아간다. 그 위임이 건강할 때, 보이지 않는 손은 제대로 작동한다. 주객전도를 경계하는 이유는 단순하다. 자리가 바로 서야 질서가 서고, 질서가 서야 시장은 신뢰를 회복한다. 이것이 1부가 우리에게 남기는 마지막 교훈이다.

나라의 살림과 국가 정책

[거시경제]

국가는 언제 개입해야 하고, 언제 물러나야 하는가

개인의 선택이 모여 시장을 이루듯, 국가의 선택은 경제의 큰 흐름을 결정한다. 2부는 GDP, 인플레이션, 재정, 조세, 경기 순환 같은 거시경제의 핵심을 사자성어로 해석하며 국가 개입의 명과 암을 살핀다. 부국강병과 십시일반은 성장과 재분배의 필요성을, 조삼모사와 격화소양은 정책 착시와 실효성의 한계를 드러낸다.

2부는 정부가 만능도, 무용도 아니라는 점을 분명히 한다. 국가는 시장을 대신해 결정하는 존재가 아니라, 시장과 사회가 지속되도록 질서를 설계하는 주체임을 강조한다.

부국강병富國強兵

GDP와 국가 경제 성장의 지표

국가는 얼마나 부유한가
―GDP라는 잣대의 탄생

국가의 힘은 무엇으로 측정되는가. 영토의 크기, 인구의 많고 적음, 군사력의 강약이 오랫동안 국력의 기준이었다. 그러나 산업화와 함께 새로운 잣대가 등장했다. GDP(국내총생산)다. 일정 기간 한 나라 안에서 생산된 재화와 서비스의 총합을 뜻하는 이 지표는, 국가의 경제 규모를 가장 직관적으로 보여 준다.

동양 고전의 '부국강병(富國強兵)'은 '나라를 부유하게 하고 군대를 강하게 한다'는 뜻이다. 이 말은 단순한 군사주의가 아니다. 백성이 먹고살 수 있어야 나라가 강해진다는 현실 인식이 깔려 있다. 현대적으로 해석하면, 부국은 경제력이고 강병은 그 경제력이 뒷받침하는 국가 역량이다. GDP는 이 부국의 상태를 가늠하는 대표적 수치다.

GDP가 커진다는 것은 생산이 늘고, 소득이 증가하며, 소비와 투자가 확대되었음을 의미한다. 세수는 늘어나고, 국가는 교육·복지·안보에 더 많은 자원을 투입할 수 있다. 그래서 각국 정부는 성장률에 민감하다. 숫자가 오르면 성공처럼 보이고, 떨어지면 위기처럼 인식된다. GDP는 이렇게 정책과 정치의 중심으로 들어왔다.

성장의 그림자
—GDP가 말하지 않는 것들

그러나 GDP는 전부를 말하지 않는다. 이 지표는 양을 측정하지만, 질을 설명하지는 못한다. 생산이 늘어도 그 과실이 일부에 집중될 수 있고, 환경 파괴나 과로 같은 비용은 숫자에 잡히지 않는다. 재난 복구와 군비 확충은 GDP를 늘리지만, 삶의 질이 개선되었다고 말하기는 어렵다.

동양의 지혜는 오래전부터 '부유함'의 기준을 물질에만 두지 않았다. 백성이 편안한가, 공동체가 안정적인가를 함께 보았다. GDP가 늘어도 불안이 커진다면, 그것은 부국이라 부르기 어렵다. 성장의 속도보다 성장의 방향이 중요해지는 지점이다.

또한 GDP는 시장에서 거래되는 활동만을 포착한다. 가사노동, 돌봄, 공동체 활동은 국가를 지탱하는 중요한 요소지만, 대부분 수치 밖에 있다. 숫자가 커질수록 국력이 강해지는 듯 보이지만, 사회의 균열이 깊어질 수도 있다. 부국강병의 '부'는 단순한 총량이 아니라, 지속 가능하고 공유되는 풍요여야 한다.

강한 나라는 어떤 나라인가
―숫자 너머의 국력

부국강병을 오늘의 언어로 다시 쓰면, 성장과 삶의 균형이다. GDP는 여전히 중요하다. 경제 규모는 국제 질서에서 협상력과 선택지를 넓혀 준다. 그러나 그것이 목적이 되어서는 안 된다. 목적은 국민의 삶이고, GDP는 그를 위한 수단이다.

동양의 국가관은 조화와 균형을 중시한다. 지나친 군사력은 불안을 낳고, 지나친 성장 집착은 사회를 소모시킨다. 진정한 강병은 단순한 무력이 아니라, 위기에 흔들리지 않는 제도와 신뢰다. 교육, 보건, 사회 안전망, 공정한 시장 질서는 숫자로 바로 드러나지 않지만, 국가의 회복력을 결정한다.

오늘날 많은 나라가 GDP를 넘어 새로운 지표를 모색하는 이유도 여기에 있다. 삶의 질, 행복, 지속 가능성 같은 요소를 함께 보려는 시도다. 이는 부국강병을 부정하는 것이 아니라, 그 의미를 확장하는 일이다. 부유함이 강함으로 이어지려면, 그 부유함이 사회 전반에 뿌리내려야 한다.

결국 GDP는 질문을 던진다. '얼마나 만들었는가'가 아니라, '무엇을 위해 만들었는가'를 묻는다. 부국강병의 현대적 해석은 분명하다. 숫자는 출발점일 뿐, 국력의 완성은 삶에서 증명된다. 강한 나라는 크기만 큰 나라가 아니라, 지속적으로 신뢰받는 나라다.

상전벽해 桑田碧海

급격한 산업 구조의 변화

뽕나무밭이 바다로
—변화는 늘 조용히 시작된다

'상전벽해'는 뽕나무밭이 푸른 바다로 변했다는 뜻이다. 오랜 시간이 흐르며 세상이 완전히 달라졌음을 표현하는 말이다. 이 사자성어는 급격한 변화를 떠올리게 하지만, 그 본질은 '누적된 변화의 결과'에 있다. 어느 날 갑자기 세상이 뒤집힌 것처럼 보이지만, 실제로는 작은 변화들이 쌓여 구조를 바꾼다.

경제에서 산업 구조 변화도 그렇다. 농업 중심 사회에서 공업 사회로, 다시 서비스·지식 산업 중심으로 이동하는 과정은 단번에 이루어지지 않았다. 기술, 인구, 소비 패턴, 제도가 서로 맞물리며 서서히 방향을 틀었다. 그러나 그 전환이 완성되는 순간, 이전의 질서는 흔적만 남는다. 뽕나무밭이 바다로 바뀌는 것이다.

동양의 지혜는 변화를 억지로 막으려 하지 말고, 변화의 조짐을 읽으라고 말한다. 산업 구조 변화는 예외 없이 승자와 패자를 만든다. 문제는 변화 자체가 아니라, 그 변화를 어떻게 준비하고 흡수하느냐다. 상전벽해는 자연의 변덕이 아니라, 준비된 자와 그렇지 못한 자를 가르는 시험대다.

산업의 이동, 일자리의 이동
─구조 전환의 비용

산업 구조 변화의 가장 직접적인 충격은 일자리에서 나타난다. 새로운 산업이 성장하는 동안, 기존 산업은 쇠퇴한다. 이 과정에서 생산성은 높아지지만, 고용은 줄어들 수 있다. 국가 전체의 GDP는 늘어도, 특정 지역과 계층은 더 큰 불안을 겪는다.

농업에서 공업으로의 전환은 도시화를 낳았고, 공업에서 서비스·지식 산업으로의 이동은 기술 격차를 확대했다. 숙련과 비숙련, 디지털 접근성의 차이는 새로운 불평등을 만들었다. 상전벽해의 과정에서 사회는 늘 이행 비용을 치른다. 이를 무시하면 변화는 축복이 아니라 재앙이 된다.

동양 철학은 이를 '때를 놓치면 화가 된다'고 표현한다. 변화를 너무 늦게 받아들이면 충격은 더 커지고, 너무 성급하면 혼란이 커진다. 산업 정책의 역할은 이 중간 지점을 찾는 데 있다. 사양 산업을 무작정 보호하는 것도 문제지만, 신산업만을 맹목적으로 추종하는 것도 위험하다. 구조 전환은 속도가 아니라 완급 조절의 문제다.

상전벽해를 기회로 만드는
국가의 선택

모든 상전벽해가 몰락으로 끝나지는 않는다. 오히려 산업 구조 변화를 기회로 삼아 도약한 나라들도 많다. 공통점은 명확하다. 변화의 방향을 읽고, 사람과 제도에 선제적으로 투자했다는 점이다. 교육과 재훈련, 사회 안전망, 혁신 생태계 구축은 구조 전환의 충격을 흡수하는 완충 장치다.

동양의 국가관은 백성을 근본으로 삼는다. 산업은 바뀌어도 사람은 남는다. 기술은 낡아도 학습 능력은 축적된다. 그래서 산업 정책의 핵심은 특정 산업을 살리는 것이 아니라, 전환할 수 있는 능력을 키우는 것이다. 이는 단기 성과가 아니라, 장기 국력을 결정한다.

상전벽해의 시대에 국가는 두 가지 유혹에 빠지기 쉽다. 하나는 과거의 영광에 집착하는 것이고, 다른 하나는 미래의 환상에 도취되는 것이다. 동양의 지혜는 이 둘 모두를 경계한다. 과거를 버리지도, 미래를 과장하지도 말고, 현재의 위치를 정확히 보라는 것이다.

결국 산업 구조 변화는 피할 수 없는 흐름이다. 문제는 그것을 재앙으로 맞을 것인가, 기회로 만들 것인가다. 상전벽해는 경고이자 가능성이다. 변화는 늘 일어나지만, 그 결과는 선택에 달려 있다. 국가가 해야할 일은 단순하다. 변화를 막는 것이 아니라, 변화를 건너는 다리를 놓는 것이다.

물가앙등 物價昂騰

인플레이션의 공포와 구매력 하락

값이 오르면 무엇이 무너지는가
—물가와 삶의 거리

'물가앙등'은 물건의 값이 급격히 치솟는 상황을 뜻한다. 장터의 쌀값이 오르고, 집세와 연료비가 따라 오르며, 월급은 그 속도를 따라가지 못한다. 물가는 숫자이지만, 체감은 삶이다. 인플레이션이 무서운 이유는 단지 가격이 오르기 때문이 아니라, 예측 가능성을 무너뜨리기 때문이다.

경제학적으로 인플레이션은 일정 기간 전반적인 물가 수준이 상승하는 현상이다. 개별 상품의 가격 변동이 아니라, 화폐의 구매력이 떨어지는 변화다. 같은 돈으로 살 수 있는 것이 줄어든다는 뜻이다. 이때 가장 먼저 흔들리는 것은 취약한 가계다. 소득의 대부분을 필수 소비에 쓰는 계층일수록 물가 상승의 충격은 크다.

동양의 지혜는 오래전부터 안정의 가치를 중시했다. 백성이 불안하면 나라는 흔들린다. 물가가 불안정해지면, 사람들의 판단은 단기화되고 사회적 신뢰는 약해진다. 인플레이션은 단순한 경제 현상이 아니라, 사회적 불안의 증폭기다.

왜 물가는 오르는가
―인플레이션의 세 가지 얼굴

물가 상승의 원인은 하나가 아니다. 경제학은 보통 세 가지 경로를 말한다. 수요 견인, 비용 인상, 통화 팽창이다. 경기가 좋아져 소비와 투자가 급증하면 수요가 공급을 앞서고 가격이 오른다. 원자재나 인건비가 오르면 기업은 이를 가격에 전가한다. 통화가 빠르게 풀리면 돈의 가치는 떨어진다.

이 세 요인은 서로 얽혀 작동한다. 경기 부양을 위해 돈을 풀면 수요가 늘고, 공급이 이를 따라가지 못하면 가격이 오른다. 여기에 글로벌 공급망 충격이나 에너지 가격 상승이 겹치면 물가앙등은 가속된다. 문제는 한 번 오른 물가가 쉽게 내려오지 않는다는 점이다.

동양 사상은 이를 불의 성질에 비유할 수 있다. 작은 불씨는 쉽게 꺼지지만, 번진 불은 다스리기 어렵다. 인플레이션도 마찬가지다. 기대 심리가 붙으면, 사람들은 더 오를 것을 예상해 미리 가격을 올리고 임금을 요구한다. 이렇게 기대 인플레이션이 형성되면, 물가는 스스로를 밀어 올리는 구조를 갖는다.

잡아야 할 것과 견뎌야 할 것
—정책의 딜레마

물가앙등 앞에서 국가는 어려운 선택에 직면한다. 금리를 올리면 물가는 잡힐 수 있지만, 경기와 고용이 위축된다. 반대로 성장을 우선하면 물가가 더 오른다. 이 딜레마는 단순한 기술 문제가 아니라, 가치 선택의 문제다.

동양의 통치 철학은 극단을 경계했다. 너무 조이면 백성이 고통받고, 너무 풀면 질서가 무너진다. 인플레이션 대응도 마찬가지다. 정책의 핵심은 속도와 강도가 아니라, 신뢰다. 정부와 중앙은행이 일관된 신호를 보내고, 시장이 그 신호를 믿을 때 기대 인플레이션은 진정된다.

또한 물가 정책은 평균이 아니라 분포를 봐야 한다. 동일한 물가 상승률이라도 계층별 충격은 다르다. 그래서 단기적 지원과 장기적 구조 개선이 함께 필요하다. 동양의 지혜는 이를 '고르게 다스림'이라 불렀다. 특정 계층만을 위한 처방은 사회적 반발을 낳고, 정책의 지속 가능성을 해친다.

결국 물가앙등은 숫자의 문제가 아니라, 시간의 문제다. 얼마나 빠르게 대응하느냐보다, 얼마나 일관되게 버티느냐가 중요하다. 인플레이션은 한순간에 생기지 않았듯, 한순간에 사라지지도 않는다. 국가의 역할은 불을 끄는 소방수이자, 다시 불이 나지 않도록 질서를 세우는 설계자다.

물가는 국민의 일상을 가장 가까이에서 건드리는 정책 변수다. 그래서 물가를 다스리는 일은, 경제를 다스리는 것을 넘어 삶의 안정을 지키는 일이다. 물가앙등의 공포를 넘어서는 길은 단순하다. 극단을 피하고, 신뢰를 쌓으며, 고통을 나누는 것이다. 이것이 동양의 지혜가 거시경제에 남긴 답이다.

　아키타입(Archetype) 사자성어 경제학

격화소양隔靴搔癢

실효성 없는 경기 부양 정책의 한계

답답함의 원인
―왜 정책은 체감되지 않는가

'격화소양'은 신발을 신은 채 가려운 발을 긁는다는 뜻이다. 긁기는 긁지만, 정작 가려운 곳에는 닿지 않는다. 이 사자성어는 오늘날 많은 사람들이 느끼는 경기 부양 정책에 대한 체감을 정확히 표현한다. 정부는 분명히 움직였고, 예산도 투입했으며, 각종 대책을 발표했지만 국민의 삶은 크게 달라지지 않는다. "정책은 있는데 경기는 없다."라는 말이 반복되는 이유다.

경제가 침체되면 국가는 재정과 통화를 동원해 경기를 살리려 한다. 세금을 깎고, 돈을 풀고, 공공투자를 늘린다. 이론적으로는 수요가 늘고, 생산과 고용이 회복되어야 한다. 그러나 현실에서는 정책 효과가 기대만큼 나타나지 않는 경우가 많다. 돈은 풀렸지만 소비는 늘지 않고, 투자도 망설임 속에 머문다.

동양의 지혜는 이를 형식과 실질의 괴리로 본다. 겉으로는 움직였으나, 본질에는 닿지 못한 상태. 경기 부양 정책이 격화소양이 되는 순간은, 문제의 원인을 잘못 짚었거나 전달 경로가 막혀 있을 때다. 정책은 수단일 뿐이며, 수단이 목표를 정확히 겨냥하지 못하면 결과는 허공으로 흩어진다.

돈은 풀렸는데 왜 움직이지 않는가
―전달 경로의 붕괴

경기 부양이 실패하는 가장 흔한 이유는 정책 전달 경로의 단절이다. 중앙은행이 금리를 낮추고 유동성을 공급해도, 그 돈이 실제 경제로 흘러가지 않으면 효과는 제한적이다. 은행은 위험을 우려해 대출을 꺼리고, 기업은 미래 불확실성 때문에 투자를 미룬다. 가계는 불안한 소득 전망 앞에서 지갑을 닫는다.

이때 경제는 마치 막힌 혈관을 가진 몸과 같다. 혈액은 충분한데, 말단까지 도달하지 못한다. 동양 의학이 기혈의 흐름을 중시하듯, 거시경제도 흐름이 중요하다. 정책 자금이 어디에서 막히는지 보지 못하면, 아무리 많은 자원을 투입해도 효과는 미미하다.

또 다른 문제는 정책의 시간 불일치다. 경기 침체는 빠르게 체감되지만, 정책 효과는 늦게 나타난다. 이 간극 속에서 불신이 자란다. 국민은 '또 말뿐'이라고 느끼고, 기업은 정책의 지속성을 의심한다. 격화소양의 상태가 길어질수록, 정책은 신뢰를 잃고 효과는 더 약해진다.

동양의 통치 철학은 급할수록 근본을 보라고 말한다. 단기 처방만 반복하는 정책은 당장의 불만은 달랠 수 있어도, 체질을 바꾸지는 못한다. 경기를 살리는 일은 버튼 하나를 누르는 문제가 아니라, 구조를 점검하는 과정이다.

체질을 바꾸는 정책
―격화소양을 넘어서

격화소양을 벗어나기 위해 필요한 것은 더 강한 자극이 아니다. 더 많은 예산, 더 낮은 금리가 아니라, 정확한 진단과 일관성이다. 왜 소비가 위축되었는지, 왜 투자가 멈췄는지를 직시해야 한다. 불안한 고용, 과도한 부채, 불확실한 규제 환경이 원인이라면, 단기 현금 살포는 근본 해법이 아니다.

동양의 지혜는 병을 고칠 때 증상보다 원인을 먼저 본다. 경제도 같다. 신뢰가 무너지면 돈은 움직이지 않는다. 정책이 자주 바뀌면 기대는 형성되지 않는다. 그래서 경기 부양의 핵심은 규모가 아니라 방향과 지속성이다. 국민과 기업이 '이 방향은 유지될 것'이라고 믿을 때, 행동은 바뀐다.

또한 정책은 평균이 아니라 현장의 차이를 고려해야 한다. 대기업과 중소기업, 수도권과 지방, 정규직과 비정규직은 같은 자극에도 다른 반응을 보인다. 격화소양은 중앙의 처방이 현장의 현실을 건너뛸 때 발생한다. 가려운 곳은 현장에 있다.

결국 좋은 정책이란, 즉각적인 박수를 받는 정책이 아니라 체질을 바꾸는 정책이다. 효과는 느릴 수 있지만, 방향이 맞으면 신뢰는 쌓인다.

격화소양의 반대는 단순하다. 신발을 벗고 가려운 곳을 정확히 긁는 것이다. 경제 정책에서도 마찬가지다. 겉을 긁는 데서 멈추지 말고, 문제의 피부에 직접 닿아야 한다.

경기 부양의 실패는 의지의 문제가 아니라, 접근의 문제다. 격화소양을 경계하는 이유는 분명하다. 정책이 체감되지 않을수록, 사회의 피로는 깊어진다. 국가의 역할은 움직였다는 증거를 남기는 것이 아니라, 변화가 느껴지게 하는 것이다. 이것이 거시경제가 우리에게 요구하는 가장 현실적인 지혜다.

십시일반 十匙一飯

조세 제도와 소득 재분배의 원리

열 숟가락이 한 그릇이 될 때
―조세의 출발점

'십시일반'은 열 사람이 한 숟가락씩 보태면 한 그릇의 밥이 된다는 뜻이다. 이 사자성어에는 공동체의 생존 원리가 담겨 있다. 혼자서는 버거운 일을 여럿이 나누면 가능해진다는 믿음이다. 현대 국가에서 이 정신이 제도화된 것이 바로 조세다. 국가는 개인이 감당하기 어려운 일을 대신 수행하기 위해, 구성원 모두에게 조금씩 부담을 나눈다.

경제학적으로 조세는 정부가 공공재를 제공하기 위한 재원이다. 국방, 치안, 교육, 도로, 복지와 같은 서비스는 시장에만 맡기기 어렵다. 누군가는 비용을 내지 않고도 혜택을 누리려는 유혹에 빠지기 때문이다. 이때 조세는 '강제된 연대'라는 성격을 띤다. 자발성만으로는 유지될 수 없는 공동체를 지탱하는 최소한의 장치다.

동양의 지혜는 오래전부터 함께 먹는 밥상의 중요성을 강조했다. 밥은 혼자 먹어도 되지만, 밥상은 함께 차려야 오래간다. 조세는 개인의 소득 일부를 공동의 밥상으로 옮기는 과정이다. 이 과정이 공정하다고 느껴질 때, 사람들은 기꺼이 숟가락을 내놓는다. 문제는 언제나 그 공정성에 있다.

공평과 공정 사이
─누가 얼마나 내야 하는가

조세를 둘러싼 가장 큰 논쟁은 '누가 얼마나 내야 하는가'다. 같은 금액을 내는 것이 공평한가, 아니면 소득에 따라 다른 비율을 내는 것이 공정한가. 경제학은 이 질문을 수직적 형평성과 수평적 형평성으로 나눈다. 소득이 다른 사람은 다르게 부담해야 하고, 같은 조건의 사람은 같은 부담을 져야 한다는 원칙이다.

동양 사상은 이를 '형평(衡平)'의 문제로 보았다. 저울은 같은 무게를 재지만, 같은 힘으로 들지는 않는다. 가진 것이 많은 사람에게 더 많은 책임을 요구하는 것은 벌이 아니라, 공동체 유지의 논리다. 그래서 현대 국가는 누진세를 통해 소득이 높을수록 더 높은 세율을 적용한다.

하지만 조세가 지나치면 문제가 된다. 세금이 과도하다고 느껴지면 근로와 투자 의욕은 꺾이고, 탈세와 회피가 늘어난다. 반대로 세금이 너무 낮으면 공공 서비스의 질은 떨어지고, 불평등은 심화된다. 십시일반의 정신이 작동하려면, 숟가락의 크기가 납득 가능해야 한다.

조세는 숫자의 문제가 아니라 신뢰의 문제다. 내가 낸 세금이 어디에 쓰이는지, 공정하게 분배되는지에 대한 믿음이 있을 때 재분배는 사회적 합의가 된다. 신뢰가 무너지면 조세는 강탈처럼 느껴지고, 공동체는 분열된다.

재분배의 목적
—밥을 나누는 이유

조세의 목적은 단순히 돈을 걷는 데 있지 않다. 중요한 것은 그 돈을 어떻게 쓰느냐다. 소득 재분배는 시장이 만들어 낸 결과를 수정하려는 시도다. 시장은 효율적이지만, 항상 공정하지는 않다. 출발선이 다르고, 위험을 감당할 능력도 다르기 때문이다.

동양의 지혜는 부의 축적 자체를 부정하지 않았다. 다만, 그 부가 공동체를 위협할 정도로 편중될 때 문제 삼았다. 재분배는 성공을 벌주는 제도가 아니라, 사회가 다시 일어설 기회를 만드는 장치다. 교육, 보건, 최소한의 생활 보장은 개인의 능력을 시장에 다시 연결해 주는 사다리다.

재분배가 효과를 내기 위해서는 지속 가능해야 한다. 무조건적인 현금 이전은 단기적 완화에는 도움이 되지만, 장기적 자립을 보장하지는 않는다. 동양의 말로 하면, 밥을 주는 것과 밭을 일구게 하는 것은 다르다. 재분배의 핵심은 의존이 아니라 회복이다.

십시일반의 경제는 나눔의 미덕을 강요하지 않는다. 대신, 함께 사는 것이 결국 각자의 안정으로 돌아온다는 사실을 보여 준다. 내가 낸 한 숟가락은 누군가의 밥이 되고, 그 사람이 다시 사회의 일원이 되어 나의 삶을 지탱한다. 이것이 조세와 재분배의 순환 논리다.

결국 조세 제도는 국가의 철학을 드러낸다. 무엇을 공공의 책임으로 보고, 어디까지를 개인의 몫으로 남길 것인가에 대한 답이다. 십시일반이 작동하는 사회는 완벽하지 않지만, 쉽게 무너지지 않는다. 함께 밥을 짓는 사회는 위기 앞에서도 다시 솥을 걸 수 있다. 이것이 조세가가진 가장 강력한 힘이며, 동양의 지혜가 거시경제에 건네는 오래된 해답이다.

사필귀정 事必歸正

시장의 자정 작용과 보이지 않는 손

결국 제자리로 돌아가는가
—시장에 대한 오래된 믿음

'사필귀정'은 모든 일은 결국 바른길로 돌아간다는 뜻이다. 동양의 이 사자성어에는 세상에 질서가 있으며, 일시적 혼란은 있어도 궁극적으로 균형이 회복된다는 믿음이 담겨 있다. 경제학에서 이 믿음과 가장 가까운 개념이 바로 시장의 자정 작용이다. 가격과 이윤, 손실과 경쟁이 작동하면서 시장은 스스로 과잉과 부족을 조정한다는 생각이다.

고전 경제학은 이 메커니즘에 강한 신뢰를 두었다. 가격이 오르면 공급이 늘고 수요는 줄어든다. 반대로 가격이 내리면 수요가 늘고 공급은 줄어든다. 이 단순한 작동 원리가 시장을 안정시킨다. 누군가 인위적으로 개입하지 않아도, 시장은 결국 균형점으로 돌아온다. 사필귀정의 경제적 해석이다.

이 믿음은 경제 성장의 강력한 추진력이 되었다. 정부의 간섭을 최소화하고, 경쟁과 자유를 확대하면 자원은 가장 효율적으로 배분된다는 논리다. 실제로 많은 산업에서 시장의 자정 작용은 놀라운 회복력을 보여 주었다. 그러나 이 믿음은 언제나 조건부였다. 모든 일이 저절로 바로잡히는 것은 아니기 때문이다.

자정이 멈추는 순간
─시장 실패의 경계

시장의 자정 작용이 작동하지 않는 순간이 있다. 정보가 왜곡되거나, 경쟁이 사라지거나, 외부효과가 누적될 때다. 이때 시장은 어긋난 상태로 오래 머문다. 가격은 신호를 잃고, 참여자들은 잘못된 유인을 따라 움직인다. 사필귀정이 지연되거나, 아예 다른 방향으로 흘러간다.

대표적인 사례가 자산 거품이다. 기대가 과열되면 가격은 현실과 괴리된 채 상승한다. 손실이 드러나기 전까지는 모두가 이 흐름에 동참한다. 이때 시장은 스스로를 교정하지 못한다. 오히려 거품이 커질수록 더 많은 참여자를 끌어들인다. 결국 조정은 더 큰 충격으로 찾아온다.

동양의 지혜는 이를 때를 잃은 균형으로 본다. 균형은 자동으로 찾아오지만, 그 시기를 놓치면 대가가 커진다. 시장의 자정 작용은 즉각적이지 않다. 시간이 걸리고, 그 사이 사회적 비용이 누적된다. 그래서 모든 것을 시장에 맡기는 태도 역시 또 다른 형태의 방임이 될 수 있다.

이 지점에서 국가의 역할이 등장한다. 시장의 자정 능력을 부정하는 것이 아니라, 자정이 작동하도록 조건을 정비하는 것이다. 경쟁을 회복시키고, 정보를 투명하게 하며, 왜곡된 유인을 바로잡는 일이다. 이는 사필귀정을 앞당기는 개입이지, 질서를 거스르는 간섭이 아니다.

바로잡힘의 조건
—신뢰와 시간의 정치경제

사필귀정이 경제에서 실현되기 위해 필요한 가장 중요한 요소는 신뢰다. 시장 참여자들이 규칙이 지켜질 것이라 믿을 때, 단기적 손실을 감수하며 장기적 균형을 선택한다. 반대로 규칙이 흔들린다고 느끼면, 사람들은 방어적으로 움직이고 왜곡은 심화된다.

동양의 통치 철학은 신뢰를 통치의 핵심으로 보았다. 법과 제도는 있어도, 그것이 일관되게 적용되지 않으면 질서는 무너진다. 시장도 마찬가지다. 예외가 반복되면 규칙은 신호를 잃는다. 사필귀정은 자동 장치가 아니라, 일관된 규칙이 만들어 내는 결과다.

또 하나의 요소는 시간이다. 시장의 조정은 빠르지 않다. 단기 성과에 집착하면, 조정의 과정을 견디지 못하고 개입을 반복하게 된다. 이때 정책은 방향을 잃고, 시장은 더 큰 혼란에 빠진다. 사필귀정은 인내의 경제학이다. 바로잡힘을 믿되, 그 과정의 고통을 관리하는 지혜가 필요하다.

결국 사필귀정은 숙명적 낙관이 아니다. 그것은 조건부 약속에 가깝다. 경쟁이 살아 있고, 정보가 흐르며, 규칙이 지켜질 때 시장은 스스로를 교정한다. 이 조건이 무너지면, 바로잡힘은 지연되고 왜곡은 구조화된다.

경제 정책의 역할은 분명하다. 시장을 대신해 모든 것을 결정하는 것도, 시장에 모든 것을 맡기는 것도 아니다. 사필귀정이 작동할 수 있는 토양을 만드는 일이다. 그 토양 위에서 시장은 다시 균형을 찾는다. 어긋난 일은 결국 바로잡힌다. 그러나 그 '결국'을 얼마나 빠르고 덜 아프게 만들지는, 인간의 선택에 달려 있다.

조삼모사 朝三暮四

화폐 환상과 명목임금의 착각

아침의 셋, 저녁의 넷
―착각의 구조

'조삼모사'는 아침에 세 개, 저녁에 네 개를 주겠다고 하자 원숭이들이 화를 내고, 이를 바꾸어 아침에 네 개, 저녁에 세 개를 주겠다고 하자 기뻐했다는 이야기에서 비롯된다. 총량은 같지만 표현을 바꾸자 반응이 달라졌다. 이 고사는 인간이 본질보다 형식에 쉽게 흔들리는 존재임을 날카롭게 보여 준다.

경제에서 이와 정확히 겹치는 개념이 바로 화폐 환상이다. 사람들은 자신의 소득이나 자산을 '실질 가치'보다 '명목 숫자'로 인식하는 경향이 있다. 월급이 올랐다는 사실에는 기뻐하지만, 그 월급으로 살 수 있는 것이 줄어들었는지는 뒤늦게 체감한다. 숫자는 늘었지만 삶은 나아지지 않는 상황, 그것이 조삼모사의 경제적 얼굴이다.

동양의 지혜는 오래전부터 "이름과 실상은 다를 수 있다."라고 경고했다. 겉으로 드러난 수치가 좋아 보여도, 그 안의 내용이 비어 있다면 그것은 진정한 이익이 아니다. 조삼모사는 단순한 우화가 아니라, 인간 인식의 구조적 한계를 드러내는 이야기다. 그리고 이 한계는 경제 정책과 노동 시장에서 반복적으로 문제를 일으킨다.

명목임금과 실질임금
—왜 체감은 다른가

경제학에서 소득은 두 가지로 나뉜다. 명목임금과 실질임금이다. 명목임금은 숫자로 표시된 월급이고, 실질임금은 그 월급으로 살 수 있는 재화와 서비스의 양이다. 물가가 오르면 명목임금이 그대로이거나 조금 올라도, 실질임금은 오히려 줄어들 수 있다.

문제는 사람들이 이 차이를 즉각적으로 인식하지 못한다는 점이다. 기업은 임금을 동결하거나 소폭 인상해도, 물가 상승 덕분에 실질임금을 낮출 수 있다. 노동자는 명목 숫자가 줄지 않았다는 이유로 불만을 덜 느끼지만, 생활비 부담은 점점 커진다. 조삼모사의 논리가 현실에서 작동하는 순간이다.

동양의 관점에서 보면, 이는 속임이라기보다 인간 인식의 허점이다. 사람은 절대적 수치보다 변화의 방향에 민감하다. 아침에 더 받는다는 느낌, 즉 당장의 이익에 반응한다. 정책이나 경영 전략이 이 점을 활용할 때, 사회는 착시 속에서 움직이게 된다.

거시경제에서도 화폐 환상은 중요한 역할을 한다. 완만한 인플레이션은 실질임금을 조정하는 수단으로 작동할 수 있다. 급격한 명목임금 인하보다, 물가 상승을 통한 실질 조정이 사회적 저항이 적기 때문이다. 그러나 이 방식이 반복되면 신뢰는 무너진다. 조삼모사의 효과는 일시적일 뿐, 장기적으로는 불만과 불안을 키운다.

착각의 경제를 넘어
—실질을 보는 눈

'조삼모사'의 교훈은 분명하다. 총량과 실질을 보라는 것이다. 숫자의 변화에 현혹되지 않고, 그 숫자가 실제로 무엇을 의미하는지를 따져야 한다. 개인에게 이는 소비자 물가, 주거비, 교육비 같은 생활 지표를 함께 보는 태도다. 국가에게는 성장률과 함께 실질 소득, 분배 구조를 점검하는 책임이다.

동양의 지혜는 이를 '본말전도'를 경계하는 태도로 설명한다. 수단이 목적을 가리고, 형식이 내용을 대신할 때 판단은 흐려진다. 화폐는 삶을 편리하게 하는 도구일 뿐, 삶 그 자체가 아니다. 숫자가 늘어도 불안이 커진다면, 그 성장은 허상에 가깝다.

정책의 역할 역시 여기서 분명해진다. 명목 지표를 관리하는 데서 멈추지 않고, 국민이 체감하는 실질을 개선해야 한다. 물가 안정, 주거 안정, 교육과 의료 비용 관리가 중요한 이유다. 조삼모사의 경제에서 벗어나는 길은 복잡하지 않다. 아침과 저녁의 배분이 아니라, 하루 전체의 양을 정직하게 보여 주는 것이다.

결국 조삼모사는 인간의 약점을 이용한 이야기이지만, 동시에 성찰의 계기를 준다. 우리는 얼마나 자주 숫자에 속아 왔는가. 그리고 얼마나 자주 본질을 놓쳤는가. 경제는 숫자의 언어로 말하지만, 삶은 체감의 언어로 대답한다. 명목을 넘어 실질을 보는 눈을 가질 때, 조삼모사의 착각은 힘을 잃는다. 그것이 화폐 환상을 넘어서는 가장 확실한 길이다.

풍전등화 風前燈火

국가 부도 위기와 외환 보유고

바람 앞의 등불
—국가도 유동성에 흔들린다

'풍전등화'는 바람 앞에 놓인 등불처럼 위태로운 상황을 뜻한다. 국가 경제에서 이 표현이 현실이 되는 순간은 언제일까. 그것은 성장률이 낮아질 때가 아니라, 신뢰가 흔들릴 때다. 국가 부도 위기는 단번에 오지 않는다. 외형상으로는 평온해 보여도, 보이지 않는 균열이 누적될 때 등불은 이미 흔들리고 있다.

국가가 부도를 맞는다는 것은 단순히 돈이 부족해졌다는 뜻이 아니다. 정확히 말하면 외화 유동성을 제때 조달하지 못하는 상태다. 국제 거래는 외화로 이루어지고, 외채 상환도 외화로 요구된다. 이때 외환 보유고는 국가의 '비상 등유'다. 바람이 불어도 불을 지키는 최소한의 장치다.

동양의 지혜는 위기를 '한순간의 불운'으로 보지 않았다. 풍전등화는 오래된 경고다. 작은 바람에도 불이 흔들린다는 것은, 이미 불씨가 약해졌다는 뜻이다. 국가 부도 역시 마찬가지다. 재정 적자, 만성적 경상수지 악화, 과도한 외채 의존, 정책의 신뢰 상실이 겹치면 등불은 바람 앞에 놓인다.

외환 보유고의 진짜 의미
―숫자보다 신호

외환 보유고는 흔히 '얼마나 많으냐'로 평가된다. 그러나 더 중요한 질문은 '얼마나 믿을 수 있느냐'다. 외환 보유고는 단순한 금고의 현금이 아니라, 시장에 보내는 신호다. 이 나라가 위기 상황에서도 지급 능력을 유지할 수 있는지에 대한 집단적 판단의 근거다.

외환 보유고가 충분하면 투기적 공격은 억제된다. 반대로 부족하다고 인식되는 순간, 자본은 빠르게 빠져나간다. 이때 위기는 자기실현적으로 확대된다. 아직 상환이 불가능하지 않은데도, 모두가 불가능하다고 믿는 순간 실제로 불가능해진다. 풍전등화의 본질은 기대의 붕괴다.

동양의 통치 철학은 이를 '기세'의 문제로 보았다. 실력이 있어도 기세가 꺾이면 싸움은 진다. 국가 경제에서도 기세는 신뢰다. 외환 보유고는 숫자이지만, 그 숫자가 주는 안정감이 핵심이다. 그래서 투명한 공개, 일관된 정책, 예측 가능한 대응이 중요하다. 숫자를 숨기는 순간, 불안은 증폭된다.

또 하나 중요한 점은 외환 보유고의 구성이다. 단기 유동성이 높은 자산인지, 위기 시 즉각 사용할 수 있는지, 외채 구조와 만기가 어떻게 배치되어 있는지가 함께 보아야 한다. 겉으로는 충분해 보여도, 실제로는 바람을 막지 못하는 등불일 수 있다.

위기를 견디는 힘
―준비와 신뢰의 경제학

풍전등화의 상황에서 국가는 두 가지 선택 앞에 선다. 하나는 공포에 반응하는 것이고, 다른 하나는 준비의 결과를 믿는 것이다. 위기 대응에서 가장 위험한 것은 즉흥적 처방이다. 자본 통제를 남발하거나, 신뢰를 훼손하는 메시지를 내면 바람은 더 거세진다.

동양의 지혜는 이를 유비무환의 연장선으로 본다. 평소에 준비된 나라는 위기에서 침착하다. 외환 보유고를 쌓는 일은 비용이 들지만, 그 비용은 보험료에 가깝다. 더 중요한 것은 재정의 건전성, 경상수지의 균형, 금융 시스템의 안정성처럼 평시의 체력이다.

국가 부도 위기를 막는 핵심은 외환 보유고 그 자체가 아니라, 그 보유고를 필요로 하지 않게 만드는 구조다. 수출 경쟁력, 다변화된 산업, 과도하지 않은 외채, 정책의 일관성은 모두 불씨를 키우는 요소다. 바람은 언제든 불 수 있지만, 불씨가 강하면 등불은 쉽게 꺼지지 않는다.

결국 풍전등화는 공포의 은유이자 경계의 언어다. 위기는 예고 없이 오지 않는다. 신호는 늘 있었고, 다만 외면되었을 뿐이다. 국가 경제를 지키는 일은 성장률을 자랑하는 것이 아니라, 신뢰를 관리하는 것이다. 외환 보유고는 그 신뢰의 마지막 방패다.

바람 앞의 등불이 오래 버티려면, 불씨를 키우고 바람막이를 세워야 한다. 숫자를 늘리는 것만으로는 부족하다. 신뢰를 쌓고, 규칙을 지키며, 준비를 지속하는 것. 그것이 풍전등화를 넘어서는 유일한 길이다. 국가의 불빛은 그렇게 지켜진다.

새옹지마 塞翁之馬

경기 순환 곡선과 호불황의 교차

좋은 일이 나쁜 일이 되고
—경기의 역설

'새옹지마'는 변방의 노인이 잃어버린 말이 오히려 복이 되었다는 고사에서 유래한다. 이 사자성어의 핵심은 사건의 가치가 시간에 따라 뒤바뀐다는 통찰이다. 오늘의 불운이 내일의 기회가 되고, 오늘의 호황이 내일의 위기가 되기도 한다. 거시경제에서 이 통찰은 경기 순환의 본질을 정확히 짚는다.

경기는 직선으로 움직이지 않는다. 확장과 수축, 호황과 불황이 반복된다. 생산과 고용이 늘어나는 시기에는 자신감이 커지고 투자가 확대된다. 그러나 이 확장은 언젠가 과열을 낳고, 자원은 비효율적으로 배분된다. 반대로 불황은 고통스럽지만, 과잉을 정리하고 다음 성장을 준비하는 시간이다. 새옹지마는 경기의 도덕적 평가가 아니라, 순환의 논리를 말한다.

동양의 지혜는 단기적 결과에 집착하지 말라고 경고한다. 호황기에 자만하면 불황의 씨앗을 키우고, 불황기에 절망하면 회복의 기회를 놓친다. 경제에서 중요한 것은 현재의 상태보다, 그 상태가 만들어 내는 행동이다. 새옹지마의 교훈은 바로 여기에 있다.

파동의 원인
─왜 경기는 반복되는가

경기 순환은 단순한 자연 현상이 아니다. 인간의 기대와 선택이 만들어 내는 결과다. 호황기에는 미래를 낙관하는 기대가 확산된다. 기업은 투자를 늘리고, 가계는 소비와 부채를 확대한다. 금융은 위험을 낮게 평가하고 자금은 쉽게 흐른다. 이 과정에서 성장은 가속되지만, 동시에 취약성도 축적된다.

반대로 불황이 시작되면 기대는 급변한다. 투자는 멈추고, 소비는 위축되며, 금융은 위험 회피로 돌아선다. 동일한 경제 구조라도 기대의 변화만으로도 경제는 급격히 수축할 수 있다. 새옹지마의 핵심은 사건보다 기대의 전환에 있다. 말이 돌아온 것이 중요한 것이 아니라, 그로 인해 삶의 방향이 바뀌는 것이다.

동양 사상은 이를 음양의 전환으로 설명한다. 양이 극에 달하면 음으로 돌아가고, 음이 깊어지면 다시 양이 싹튼다. 경기 역시 극단을 피하지 못한다. 문제는 이 전환을 얼마나 완만하게 관리하느냐다. 정책이 과열을 방치하면 조정은 더 거칠어지고, 불황에 과잉 대응하면 회복은 왜곡된다.

순환을 대하는 태도
—정책과 개인의 지혜

새옹지마의 시대에 국가와 개인이 취해야 할 태도는 다르지 않다. 과도한 낙관도, 과도한 비관도 경계하는 것이다. 정책은 호황기에 안전판을 마련하고, 불황기에 완충 장치를 가동해야 한다. 재정 여력과 금융 규율을 호황기에 쌓는 이유가 여기에 있다. 불황이 왔을 때 쓸 수 있는 자원은, 호황기에 준비한 것뿐이다.

동양의 지혜는 '때를 아는 것'을 중시한다. 모든 시기에 같은 처방을 쓰지 않는다. 호황기에는 규율을, 불황기에는 유연함을 요구한다. 경기 부양이 필요한 때와 긴축이 필요한 때를 구분하지 못하면, 정책은 순환을 완화하기보다 증폭시킨다.

개인과 기업에게도 같은 교훈이 적용된다. 호황기에 빚을 과도하게 늘리면, 불황은 치명적이 된다. 반대로 불황기에 모든 투자를 멈추면, 회복기의 기회를 놓친다. 새옹지마는 미래를 예측하라는 말이 아니라, 변화를 전제로 행동하라는 조언이다.

결국 경기 순환은 피할 수 없다. 그러나 그 파고를 얼마나 낮출지는 선택의 문제다. 새옹지마는 위로의 말이 아니라, 전략의 언어다. 오늘의 결과에 일희일비하지 않고, 순환 속에서 자신의 위치를 자각하는 것. 그것이 거시경제가 우리에게 요구하는 성숙이다.

호황과 불황은 적이 아니다. 서로를 부르는 짝이다. 중요한 것은 어느 한쪽에 머무는 것이 아니라, 건너갈 수 있는 다리를 마련하는 일이다. 새옹지마의 지혜는 그 다리가 시간과 신뢰 위에 놓여 있음을 알려 준다.

유비무환 有備無患

재정 건전성과 미래를 위한 저축

준비된 나라는 흔들리지 않는다
—재정의 본질

유비무환은 미리 준비하면 근심이 없다는 뜻이다. 이 말은 개인의 삶뿐 아니라, 국가 운영에서도 가장 오래된 원칙이다. 경제가 좋을 때는 이 원칙이 쉽게 잊힌다. 세수는 늘고, 재정은 여유로워 보이며, 위기는 먼 이야기처럼 느껴진다. 그러나 국가 재정의 진짜 가치는 위기가 닥쳤을 때 드러난다.

거시경제에서 재정은 단순한 수입과 지출의 기록이 아니다. 그것은 국가의 대응 능력이다. 불황이 오면 재정은 자동 안정화 장치로 작동해야 한다. 세수가 줄고 지출이 늘어나도, 국가가 흔들리지 않으려면 평소의 준비가 필수다. 유비무환의 경제적 의미는 명확하다. 쓰기 전에 쌓아두는 나라만이 위기를 견딘다.

동양의 통치 철학은 늘 '태평성대일수록 경계하라'고 강조했다. 풍년에는 곳간을 채우고, 평시에는 군비를 점검하라는 가르침이다. 재정 건전성은 긴축의 미덕이 아니라, 자유의 조건이다. 여유가 있어야 선택할 수 있고, 여유가 없으면 강요당한다.

빚의 두 얼굴
―적자는 언제 죄가 되는가

재정 적자는 언제나 나쁜 것일까. 경제학의 답은 그렇지 않다. 불황기에는 정부가 적자를 감수하고 지출을 늘려야 경제를 떠받칠 수 있다. 문제는 적자의 성격과 지속성이다. 일시적 위기 대응과 상시적 방만 운영은 전혀 다르다.

동양의 지혜는 이를 '약과 독의 구분'으로 설명할 수 있다. 같은 약도 상황에 따라 치료제가 되기도, 독이 되기도 한다. 재정 적자도 마찬가지다. 위기 대응을 위한 적자는 회복을 돕지만, 구조적 적자는 미래의 선택지를 갉아먹는다. 적자가 상시화되면, 국가는 빚을 갚기 위해 또다른 빚을 내는 악순환에 빠진다.

특히 고령화 사회에서는 이 문제가 더 심각해진다. 복지 지출은 늘어나고, 세수 기반은 약해진다. 이때 준비 없이 적자를 쌓아온 국가는 선택의 여지가 줄어든다. 유비무환의 반대는 무대책이다. 준비 없는 낙관은 결국 미래 세대에게 부담을 전가한다.

미래를 위한 저축
—재정은 세대 간 계약이다

국가 재정은 현세대만의 것이 아니다. 그것은 세대 간 계약이다. 오늘의 지출은 내일의 부담이 되고, 오늘의 저축은 내일의 안전망이 된다. 유비무환의 경제학은 이 점을 분명히 한다. 재정 건전성은 현재를 희생하자는 주장이 아니라, 미래의 자유를 지키자는 약속이다.

동양의 지혜는 장기적 시야를 중시한다. 나무를 심는 이는 그늘을 보지 못해도, 숲을 남긴다. 재정 저축도 같다. 당장 표가 되지 않는 선택일지라도, 위기 때 빛을 발한다. 외환 위기, 금융 위기, 팬데믹 같은 충격 앞에서 준비된 국가는 대응의 폭이 넓다.

중요한 것은 숫자의 크기가 아니라 규칙의 신뢰성이다. 재정 준칙, 중장기 재정 계획, 투명한 공개는 모두 준비의 일부다. 규칙이 지켜질 것이라는 믿음이 있을 때, 시장과 국민은 국가의 재정을 신뢰한다. 유비무환은 단순한 절약이 아니라, 신뢰를 축적하는 과정이다.

결국 재정의 역할은 성장을 과시하는 것이 아니라, 위기를 흡수하는 것이다. 좋은 날에 쌓은 여력은 나쁜 날에 공동체를 지킨다. 준비 없는 낙관은 위기 앞에서 공포로 바뀌고, 준비된 절제는 위기 앞에서도 침착함을 유지한다.

유비무환은 소극적 태도가 아니다. 그것은 가장 적극적인 전략이다. 미래를 상상하고, 그 미래를 감당할 힘을 지금부터 쌓는 일. 국가 재정의 지혜는 여기에 있다. 2부가 우리에게 남기는 결론은 분명하다. 잘 쓰는 나라보다, 잘 준비한 나라가 끝까지 간다. 거시경제는 성장의 기술이 아니라, 위기를 견디는 능력의 축적이다.

돈의 길목과 금융의 세계

[화폐와 금융]

신용이 무너지면 모든 흐름은 멈춘다

금융은 실물경제의 혈관이다. 보이지 않지만 막히면 즉각적인 통증이 발생한다. 3부는 화폐, 신용, 금리, 유동성, 부채와 금융 위기의 구조를 사자성어로 설명하며, 금융이 왜 반복적으로 위기를 만들어 내는지를 분석한다. 사상누각과 연쇄반응은 과도한 레버리지의 위험을, 화룡점정과 이심전심은 신용과 기대 심리의 중요성을 상징한다.

3부는 금융을 '돈의 기술'이 아니라 신뢰의 제도로 이해해야 한다고 말한다. 금융을 제대로 이해하지 못하면, 위기는 언제든 되풀이된다.

화룡점정 畫龍點睛

화폐의 가치를 완성하는 신용

눈을 찍기 전의 용
—화폐는 왜 미완성인가

'화룡점정'은 용을 그려 놓고 마지막으로 눈동자를 찍자 살아 움직였다는 고사에서 나온 말이다. 이 사자성어는 사물의 완성은 마지막 한 요소에 달려 있음을 말한다. 금융에서 그 '눈동자'에 해당하는 것이 바로 신용이다. 신용이 없는 화폐는 종이에 불과하고, 숫자에 지나지 않는다.

화폐의 기원은 물물교환의 불편을 줄이기 위한 약속이었다. 누군가이 종이나 금속을 받아줄 것이라는 믿음이 있었기에 화폐는 기능했다. 금본위제 시절에는 금이라는 실물이 그 믿음의 바탕이었다. 그러나 현대의 화폐는 더 이상 실물에 묶여 있지 않다. 오늘날의 돈은 믿음 위에서 있는 상징이다.

동양의 지혜는 오래전부터 "이름이 실상을 대신할 수 없다."라고 경계했다. 화폐 역시 마찬가지다. 지폐에 적힌 액면은 그 자체로 가치를 보장하지 않는다. 그것을 가치 있게 만드는 것은 공동체의 신뢰, 즉 이 돈

으로 세금도 내고 거래도 할 수 있다는 믿음이다. 화룡점정의 순간은
바로 여기서 일어난다. 신용이 찍히는 순간, 돈은 살아 움직인다.

신용의 축적
—금융은 왜 신뢰를 먹고 자라는가

금융 시스템은 신용의 그물망이다. 은행은 예금자의 돈을 빌려 기업
과 가계에 대출한다. 중앙은행은 화폐를 발행하고, 정부는 국채를 통
해 미래의 세수를 담보로 현재의 자금을 조달한다. 이 모든 과정의 공
통 전제는 약속이 지켜질 것이라는 믿음이다.

신용은 한순간에 만들어지지 않는다. 반복된 이행, 일관된 규칙, 투
명한 정보가 쌓여야 형성된다. 동양의 관점에서 보면 신용은 덕(德)에
가깝다. 보이지 않지만, 한 번 훼손되면 회복하기 어렵다. 금융 위기는
종종 신용의 급격한 붕괴에서 시작된다. 숫자는 그대로인데, 믿음이 사
라지는 순간 자금은 얼어붙는다.

현대 금융에서 신용은 가격으로 표현된다. 금리는 신용의 비용이고,
신용등급은 신뢰의 점수다. 위험이 높을수록 비용은 커진다. 이는 처
벌이 아니라 신호다. 신용이 낮다는 것은, 미래의 약속이 불확실하다
는 뜻이다. 금융은 이 불확실성을 가격에 반영한다. 화룡점정의 반대
는 분명하다. 눈을 잃은 용은 더 이상 날지 못한다.

신용을 지키는 일
—화폐의 생명력을 유지하는 조건

신용은 쓰는 것보다 지키는 것이 더 어렵다. 과도한 부채, 잦은 규칙 변경, 불투명한 정책은 신용을 갉아먹는다. 단기 성과를 위해 신뢰를 소모하면, 장기적 비용은 훨씬 커진다. 동양의 지혜는 이를 "작은 이익에 큰 근본을 잃는다."라고 표현했다.

국가 차원에서도 마찬가지다. 통화 정책의 신뢰, 재정의 지속 가능성, 금융 규제의 일관성은 모두 화폐의 생명력을 좌우한다. 중앙은행이 물가 안정이라는 목표를 꾸준히 지킬 때, 화폐는 신뢰를 얻는다. 정부가 약속을 남발하지 않을 때, 국채는 안전 자산이 된다. 신용은 선언이 아니라 행동의 누적이다.

개인에게도 신용은 중요한 자산이다. 신용카드 한도, 대출 금리, 금융 접근성은 모두 개인의 신뢰 기록에 의해 결정된다. 이는 도덕적 평가가 아니라, 미래의 상환 가능성에 대한 시장의 판단이다. 동양의 관점에서 보면, 신용은 평판의 현대적 표현이다. 한 번의 일탈보다, 반복된 성실이 더 큰 힘을 가진다.

결국 화폐의 가치는 눈에 보이는 것이 아니라, 관계 속에서 유지된다. 돈은 혼자서 존재하지 않는다. 누군가 받아줄 것이라는 믿음, 제도가 지켜질 것이라는 확신, 약속이 이행될 것이라는 기대가 겹쳐질 때 비로소 화폐는 완성된다. 화룡점정의 눈은 그래서 단 하나가 아니다. 수많은 신뢰의 점들이 모여, 돈에 생명을 불어넣는다.

3부의 출발점에서 우리가 확인해야 할 사실은 분명하다. 금융은 기술이 아니라 관계의 예술이며, 화폐는 종이가 아니라 신뢰의 결정체다. 이 신뢰를 지키는 일이 곧 금융의 본질이다.

금상첨화 錦上添花

복리의 마법과 자산 증식

비단 위의 꽃

—왜 복리는 '보너스'가 아닌가

'금상첨화'는 이미 아름다운 비단 위에 꽃을 더한다는 뜻이다. 흔히 여유가 있는 사람에게 더해지는 덤, 혹은 사치스러운 장식으로 이해된다. 그러나 금융에서 복리는 장식이 아니다. 구조다. 자산이 스스로 자라는 구조, 시간이 이자를 낳고 그 이자가 다시 씨앗이 되는 메커니즘이다.

단리는 한 번의 수확이다. 원금에만 이자가 붙는다. 반면 복리는 매년의 수확이 다음 해의 밭이 된다. 이 차이는 초기에 미미해 보이지만, 시간이 흐를수록 결과는 전혀 달라진다. 복리는 '많이 버는 기술'이 아니라, 오래 버티는 설계다. 그래서 복리는 금상첨화가 아니라, 금을 비단으로 바꾸는 과정에 가깝다.

동양의 지혜는 누적의 힘을 잘 알고 있었다. 하루의 성실은 작아 보여도, 해를 거듭하면 습관이 되고 운명이 된다. 복리는 그 성실이 숫자로 번역된 결과다. 화려한 한 방이 아니라, 작은 반복의 합이 만든 기적. 금융에서 복리는 운이 아니라 인내의 보상이다.

시간이 만드는 비대칭
―복리가 부를 가르는 이유

복리가 만들어 내는 가장 큰 특징은 비대칭성이다. 같은 금액, 같은 수익률이라도 시작 시점이 다르면 결과는 크게 갈린다. 일찍 시작한 사람은 더 많은 시간을 확보하고, 늦게 시작한 사람은 더 큰 위험을 감수해야 한다. 이 차이는 노력의 차이가 아니라, 시간의 차이에서 비롯된다.

그래서 복리는 공정하지 않게 보이기도 한다. 이미 가진 사람이 더 쉽게 불어나고, 늦게 진입한 사람은 따라잡기 어렵다. 그러나 금융의 관점에서 복리는 차별이 아니라 규칙이다. 시간은 누구에게나 같은 속도로 흐르지만, 그 시간을 자산에 연결했는지는 각자의 선택이다.

동양 사상은 이를 '때'의 문제로 설명한다. 같은 씨앗도 제철에 심어야 싹이 난다. 복리는 제철을 놓치면 효과가 줄어든다. 그래서 금융 교육의 핵심은 상품 선택이 아니라, 시작의 용기다. 작은 금액이라도 일찍 시작하면 복리는 작동한다. 금상첨화는 화려한 시작이 아니라, 지속 가능한 시작에서 나온다.

또 하나의 오해는 고수익이 복리의 핵심이라는 생각이다. 실제로는 수익률보다 변동성 관리가 더 중요하다. 큰 손실은 복리의 사다리를 한 번에 무너뜨린다. 복리는 급등보다 완만한 상승을 선호한다. 꽃은 폭풍보다 햇볕에서 잘 핀다.

꽃을 지키는 법
—복리를 살리는 태도

복리를 제대로 누리기 위해서는 기술보다 태도가 중요하다. 첫째, 중도 포기를 피해야 한다. 복리는 초반에 지루하고, 중반에 의심을 부르며, 후반에야 결과를 보여 준다. 이 과정에서 흔들리면 꽃은 피기 전에 떨어진다. 단기 성과에 집착하면, 장기 설계는 무너진다.

둘째, 과도한 욕심을 경계해야 한다. 복리는 속도를 높일수록 위험이 커진다. 레버리지를 얹어 수익률을 키우면, 하락 국면에서 복리는 역으로 작동한다. 동양의 지혜가 말하는 과유불급은 여기서도 유효하다. 복리는 조급함과 궁합이 맞지 않는다.

셋째, 규칙적인 관리가 필요하다. 리밸런싱은 정원을 가꾸는 일과 같다. 가지치기를 하지 않으면 균형이 깨지고, 잡초를 방치하면 꽃은 빛을 잃는다. 복리는 방치가 아니라 정성을 요구한다. 다만 그 정성은 잦은 거래가 아니라, 방향을 지키는 데 쓰여야 한다.

결국 금상첨화의 진짜 의미는 여유 위의 사치가 아니다. 시간 위의 성실이다. 복리는 이미 가진 것을 과시하는 장식이 아니라, 가진 것을 키우는 질서다. 이 질서를 이해하면 금융은 도박이 아니라 농사가 된다.

3부의 흐름에서 복리는 중요한 전환점이다. 신용이 돈에 생명을 불어

넣는 눈이라면, 복리는 그 생명이 자라나는 시간이다. 꽃은 하루아침에 피지 않는다. 그러나 피고 나면, 그 정원은 오래도록 향기를 남긴다. 금상첨화는 그렇게 완성된다.

사상누각 沙上樓閣

부채로 쌓아 올린 레버리지의 위험

모래 위의 성
─레버리지는 왜 유혹적인가

'사상누각'은 모래 위에 지은 누각이라는 뜻이다. 겉으로는 높고 화려해 보여도, 기초가 약해 작은 충격에도 무너진다. 금융에서 이 사자성어가 가리키는 대상은 분명하다. 레버리지, 곧 빚을 이용해 수익을 확대하는 구조다.

레버리지는 본래 도구다. 적절히 쓰면 자본의 효율을 높이고, 성장을 앞당긴다. 기업은 차입을 통해 설비를 확충하고, 가계는 대출로 주거와 교육을 마련한다. 문제는 이 도구가 목적을 대신할 때 발생한다. 수익의 원천이 실물의 가치가 아니라, 빚의 크기에서 나올 때 누각은 모래 위에 서게 된다.

동양의 지혜는 오래전부터 '기초'를 강조했다. 높이는 노력으로 쌓을 수 있지만, 기초는 시간을 들여 다져야 한다. 레버리지는 시간을 단축해 주는 대신, 안정성을 깎아낸다. 그래서 호황기에는 레버리지가 능력처럼 보이고, 불황기에는 족쇄로 드러난다. 사상누각의 비극은 대개 좋을 때 시작된다.

수익의 확대, 손실의 증폭
—비대칭의 함정

레버리지의 본질은 비대칭성이다. 수익이 늘어나는 만큼 손실도 확대된다. 10%의 가격 상승은 작은 자본으로 큰 이익을 만들 수 있지만, 10%의 하락은 원금을 순식간에 잠식한다. 빚은 기다려 주지 않는다. 이자가 붙고, 만기가 다가온다. 시간이 레버리지의 편이 되는 경우는 드물다.

문제는 사람들이 이 비대칭을 과소평가한다는 점이다. 상승 국면에서는 변동성이 낮아 보이고, 위험은 사라진 것처럼 느껴진다. 금융은 이를 '안정의 착시'라 부른다. 착시는 레버리지를 더 키운다. 담보 가치가 오르면 더 빌릴 수 있고, 더 빌리면 수요가 늘어 가격은 다시 오른다. 이렇게 누각은 점점 높아진다.

동양의 관점에서 보면, 이는 균형의 상실이다. 음과 양이 맞물려야 질서가 유지되는데, 한쪽으로 기울면 반작용이 따른다. 레버리지는 균형을 깨뜨리는 힘이다. 균형이 무너질수록 조정은 더 거칠어진다. 사상누각이 무너질 때, 모래는 한꺼번에 쓸려 내려간다.

기초를 다지는 금융
—레버리지를 다루는 지혜

레버리지를 완전히 피할 수는 없다. 현대 금융에서 차입은 필수적이다. 중요한 것은 어디까지 허용할 것인가다. 기초가 튼튼하면 누각은 낮아도 오래간다. 자기자본의 비중, 현금 흐름의 안정성, 상환 능력은 레버리지의 기초다. 이 기초가 흔들리면, 높이는 오히려 위험이 된다.

동양의 지혜는 이를 '분수'의 문제로 본다. 넘치면 부족함만 못하다는 가르침은 레버리지에 그대로 적용된다. 빚은 미래의 소득을 앞당겨 쓰는 행위다. 미래가 불확실할수록, 앞당겨 쓴 대가는 커진다. 그래서 레버리지는 낙관이 아니라 보수적 계산과 함께해야 한다.

정책 차원에서도 마찬가지다. 금융 시스템의 레버리지가 과도해지면, 위기는 개인의 실패를 넘어 사회적 비용으로 전가된다. 그래서 규제는 자유를 억압하기 위한 장치가 아니라, 붕괴를 예방하는 안전띠다. 사상누각을 막는 일은 높이를 제한하는 것이 아니라, 기초를 강화하는 일이다.

결국 레버리지의 문제는 숫자의 문제가 아니다. 태도의 문제다. 빠른 성과를 원하는 조급함, 상승만을 가정하는 낙관, 위험을 남에게 전가하려는 유혹이 누각을 모래 위에 세운다. 반대로 기초를 중시하고, 하락을 상정하며, 상환을 우선하는 태도는 낮지만 단단한 건물을 만든다.

사상누각의 교훈은 단순하다. 높이는 자랑이지만, 기초는 생존이다. 금융의 세계에서 오래 남는 것은 화려한 누각이 아니라, 흔들리지 않는 토대다. 빚은 도구일 뿐, 실력은 아니다. 이 구분을 잊는 순간, 모래는 이미 발밑에서 흘러내리고 있다.

낙화유수 落花流水

자금의 흐름과 유동성 공급

떨어지는 꽃과 흐르는 물
—유동성의 본질

'낙화유수'는 떨어지는 꽃잎과 흘러가는 물처럼, 되돌릴 수 없는 흐름을 뜻한다. 이 사자성어는 이별과 무상함을 표현하는 데 자주 쓰이지만, 금융의 세계에서는 매우 정확한 은유다. 돈은 본질적으로 머무르지 않는다. 수익과 안정, 기대와 위험을 따라 끊임없이 이동한다. 금융에서 이를 유동성이라 부른다.

유동성은 단순히 현금이 많다는 뜻이 아니다. 필요할 때 자산을 손실 없이 현금화할 수 있는 능력이다. 시장이 정상적으로 작동할 때는 대부분의 자산이 유동성을 가진다. 그러나 불안이 커지는 순간, 유동성은 급격히 말라붙는다. 팔 수는 있지만 팔 사람이 없고, 가격은 급락한다. 이때 사람들은 비로소 깨닫는다. 돈의 가치는 액면이 아니라, 흐를 수 있느냐에 달려 있다는 사실을.

동양의 지혜는 흐름을 거스르지 말라고 가르친다. 물은 높은 곳에서 낮은 곳으로 흐르고, 막으면 넘친다. 금융도 마찬가지다. 유동성을 억

지로 묶어 두거나 왜곡하면, 다른 곳에서 불안정이 터진다. 낙화유수
는 체념의 말이 아니라, 흐름을 인정하라는 경고다.

유동성의 계절
―풍부할 때와 마를 때

금융에는 계절이 있다. 호황기에는 유동성이 넘친다. 금리는 낮고,
대출은 쉽고, 자금은 위험 자산으로 흘러간다. 이 시기에는 유동성의
소중함이 잘 보이지 않는다. 언제든 현금화할 수 있을 것처럼 느껴지
고, 시장은 깊고 넓어 보인다.

그러나 불황의 문턱에서 상황은 달라진다. 불확실성이 커지면 사람
들은 현금을 움켜쥔다. 위험 자산에서 안전 자산으로 자금이 이동하
고, 거래는 급감한다. 이때 유동성은 집단적 심리의 영향을 받는다. 모
두가 팔려고 하면, 유동성은 증발한다. 낙화유수의 흐름이 갑자기 멈
춘 듯 보이지만, 사실은 방향이 바뀐 것이다.

동양의 관점에서 보면 이는 음양의 전환이다. 넘치던 물이 말라가고,
빠르던 흐름이 느려진다. 문제는 이 전환을 예측하지 못하고, 항상 같
은 계절이 계속될 것처럼 행동할 때 발생한다. 유동성 위기는 대부분
'이번에는 다르다'는 착각에서 시작된다.

중앙은행의 역할은 이때 중요해진다. 유동성이 급격히 마를 때, 최후
의 대부자로서 시장에 물을 공급한다. 이는 시장을 왜곡하기 위한 것
이 아니라, 흐름이 완전히 끊어지는 것을 막기 위한 조치다. 낙화유수

의 흐름이 완전히 멈추면, 꽃과 물은 함께 썩는다.

흐름을 읽는 금융
—쌓지 말고 관리하라

유동성을 다루는 지혜는 쌓는 데 있지 않고, 관리하는 데 있다. 현금을 많이 보유하는 것이 항상 안전한 것은 아니다. 반대로 모든 자산을 묶어 두는 것도 위험하다. 중요한 것은 자산의 일부가 언제든 흐를 수 있도록 출구를 열어 두는 것이다.

동양의 지혜는 이를 '통(通)'의 개념으로 설명한다. 막히지 않으면 병이 되지 않는다. 금융에서도 마찬가지다. 자산이 아무리 크더라도, 유동성이 막히면 위기는 개인을 넘어 시스템으로 확산된다. 그래서 분산, 만기 관리, 현금 흐름 점검은 유동성 관리의 기본이다.

정책 차원에서도 유동성은 신중히 다뤄야 한다. 과도한 유동성 공급은 자산 거품을 만들고, 갑작스러운 회수는 시장을 경색시킨다. 동양의 통치 철학이 말하는 중용은 여기서도 유효하다. 흐르게 하되, 넘치지 않게 하고, 마르지 않게 하는 것. 이는 기술이 아니라 균형 감각의 문제다.

결국 낙화유수의 교훈은 단순하다. 돈은 붙잡을수록 도망가고, 길을 열어 줄수록 순환한다. 유동성은 소유의 문제가 아니라, 신뢰와 기대가 만들어 내는 흐름이다. 이 흐름을 이해하지 못하면, 숫자는 남아 있어도 힘은 사라진다.

3부의 흐름에서 유동성은 중요한 연결 고리다. 신용이 눈이라면, 복리가 성장의 시간이고, 레버리지가 높이라면, 유동성은 숨이다. 숨이 막히면 몸은 버티지 못한다. 금융도 마찬가지다. 낙화유수의 흐름을 읽는 것, 그것이 금융 생존의 기본이다.

연쇄반응 連鎖反應

뱅크런과 금융 시스템의 붕괴

첫 도미노가 쓰러질 때
─뱅크런의 시작

연쇄반응은 하나의 변화가 다음 변화를 부르고, 그 다음이 또 다른 변화를 낳아 걷잡을 수 없이 확산되는 현상을 뜻한다. 금융에서 이 사자성어가 가장 비극적으로 구현되는 장면이 바로 뱅크런이다. 은행이 부실해서가 아니라, 사람들이 불안해졌기 때문에 은행이 무너지는 현상이다.

은행의 구조는 본질적으로 취약하다. 예금은 언제든 인출할 수 있지만, 대출은 장기다. 이 불일치는 평상시에는 효율을 높이지만, 신뢰가 흔들리는 순간 치명적 약점으로 변한다. 한 사람이 불안을 느끼고 돈을 찾기 시작하면, 그 모습은 곧 신호가 된다. '무언가 문제가 있다'는 암묵적 메시지다.

동양의 지혜는 이를 기운의 전이로 설명한다. 말 한마디, 표정 하나가 주변의 마음을 흔들고, 그 흔들림이 집단으로 번진다. 뱅크런은 이성의 판단이 아니라, 불안의 전염이다. 실제로 은행의 자산이 건전해도, 모두가 동시에 돈을 찾으면 은행은 버티지 못한다. 연쇄반응은 이렇게 시작된다.

불안의 증폭기
─시스템 리스크의 형성

뱅크런이 위험한 이유는 개별 은행의 문제로 끝나지 않기 때문이다. 금융 기관들은 서로 얽혀 있다. 한 곳의 불안은 다른 곳의 불안으로 전이되고, 시장 전체로 확산된다. 이를 시스템 리스크라고 부른다. 문제는 각 참여자가 합리적으로 행동했음에도, 결과는 집단적 파국으로 이어진다는 점이다.

동양 사상은 이를 '군중 속의 고립'으로 본다. 각자는 자신을 지키려 했지만, 그 행동이 공동체를 위협한다. 예금을 인출하는 것은 개인에게 합리적이지만, 모두가 그렇게 행동하면 시스템은 붕괴한다. 연쇄반응의 비극은 바로 이 개인 합리성과 집단 비합리성의 충돌에서 발생한다.

금융 위기 때마다 반복되는 장면은 유사하다. '자산 가격 하락 → 불안 확산 → 유동성 경색 → 추가 하락'. 이 악순환은 속도가 빠르다. 디지털 시대에는 더 그렇다. 클릭 몇 번으로 자금은 이동하고, 소문은 실시간으로 퍼진다. 연쇄반응은 과거보다 훨씬 짧은 시간 안에 완성된다.

연쇄를 끊는 장치
—신뢰의 방파제

연쇄반응을 막는 유일한 방법은 신뢰의 방파제를 세우는 것이다. 예금자 보호 제도, 중앙은행의 최후 대부자 역할, 신속한 정보 공개는 모두 불안을 차단하기 위한 장치다. 이는 시장의 자연스러운 기능을 훼손하는 것이 아니라, 시장이 공포에 압도되지 않도록 돕는 최소한의 안전망이다.

동양의 지혜는 이를 중심의 안정으로 설명한다. 중심이 흔들리면 주변은 순식간에 무너진다. 금융에서 중심은 제도와 신뢰다. 예금이 보호된다는 믿음, 중앙은행이 뒤에 있다는 확신은 개인의 불안을 억제한다. 연쇄반응은 종종 실제 부실보다, 정보의 공백에서 더 빠르게 자란다.

그러나 신뢰는 제도만으로 유지되지 않는다. 반복된 예외, 원칙 없는 구제는 오히려 도덕적 해이를 키운다. 동양의 통치 철학이 강조하듯, 일관성이 핵심이다. 규칙이 지켜질 것이라는 믿음이 있을 때, 시장은 극단적 반응을 자제한다.

결국 연쇄반응은 피할 수 없는 인간 심리의 결과다. 문제는 그것을 방치하느냐, 관리하느냐다. 금융의 진짜 위험은 숫자가 아니라, 불안의 속도다. 이 속도를 늦추고, 신뢰를 회복하는 것이 정책과 제도의 역할이다.

3부에서 연쇄반응은 중요한 경고다. 신용이 눈이고, 유동성이 숨이라면, 신뢰는 심장이다. 심장이 멈추면 몸은 기능을 잃는다. 금융 시스템도 마찬가지다. 한 사람의 불안이 모두의 공포가 되지 않도록, 우리는 연쇄를 끊는 지혜를 가져야 한다. 그것이 연쇄반응의 경제학이 우리에게 남기는 가장 무거운 교훈이다.

설상가상 雪上加霜

금리 인상과 가계 부채의 이중고

눈 위에 서리가 내릴 때
—금리의 냉혹한 얼굴

'설상가상'은 눈 위에 서리가 더해진다는 뜻이다. 이미 어려운 상황에 또 다른 고통이 겹친 상태를 가리킨다. 금융에서 이 표현이 가장 실감 나게 다가오는 순간은 금리 인상기다. 소득은 제자리인데, 이자 부담이 늘어나고, 물가는 이미 높다. 가계의 체감 온도는 급격히 내려간다.

금리는 돈의 가격이다. 중앙은행이 금리를 올린다는 것은, 돈을 빌리는 비용을 높여 과열된 수요를 식히겠다는 신호다. 인플레이션을 잡기 위한 불가피한 선택일 수 있다. 그러나 그 선택의 비용은 균등하게 분배되지 않는다. 부채가 많은 가계일수록, 금리 인상의 충격은 더 크다.

동양의 지혜는 이를 한겨울의 바람에 비유할 수 있다. 같은 추위라도 옷이 얇은 사람에게 더 가혹하다. 가계 부채는 옷의 두께와 같다. 빚이 많을수록 금리 인상은 생존의 문제가 된다. 설상가상의 본질은 외부 충격보다, 이미 취약해진 구조에 있다.

가계 부채의 함정
—왜 금리 인상은 늦게까지 아픈가

　가계 부채는 성장의 부산물이자, 취약성의 원천이다. 저금리 시기에는 대출이 생활의 연장이 된다. 주거, 교육, 소비를 앞당겨 누릴 수 있게 해 주지만, 그 대가는 미래의 상환이다. 문제는 금리가 오를 때 나타난다. 이자 부담은 즉각적으로 늘어나지만, 소득은 그렇게 빨리 늘지 않는다.

　금리 인상의 파급은 지연 효과를 가진다. 고정금리 대출은 당장 영향을 받지 않지만, 변동금리 대출은 즉시 부담이 커진다. 만기가 돌아오거나 재대출이 필요한 시점에는 고정금리 역시 압박을 받는다. 설상가상은 한순간의 사건이 아니라, 시간을 두고 누적되는 고통이다.

　동양 사상에서 이는 '병이 깊어지는 과정'과 닮아 있다. 처음에는 참을 만하지만, 점점 일상이 무너진다. 가계는 소비를 줄이고, 저축을 포기하며, 위험 자산을 처분한다. 이 과정은 개인의 선택처럼 보이지만, 거시적으로는 경기 위축으로 이어진다. 설상가상은 가계의 문제가 곧 경제 전체의 문제로 번지는 지점이다.

완화와 질서
—설상가상을 넘는 길

　금리 인상 자체가 문제는 아니다. 문제는 조정의 속도와 완충 장치의 부재다. 동양의 지혜는 극단을 경계한다. 급격한 변화는 질서를 무너뜨리고, 지나친 완화는 문제를 미룬다. 설상가상을 넘기 위해 필요한 것은 단기 처방과 장기 구조 개선의 병행이다.

정책적으로는 취약 차주에 대한 보호 장치, 채무 조정, 상환 구조의 유연화가 필요하다. 이는 빚을 면제해 주는 문제가 아니라, 연쇄 붕괴를 막는 안전망이다. 가계가 무너질 때 금융 시스템도 안전할 수 없다. 설상가상을 방치하면, 개인의 고통은 사회적 비용으로 전환된다.

동시에 가계 부채의 구조를 바꾸는 노력이 필요하다. 소득 대비 과도한 차입, 부동산 중심의 자산 구조, 변동금리 의존은 반복되는 위기의 원인이다. 동양의 지혜가 말하는 근본 치료는 체질 개선이다. 빚에 의존하지 않아도 되는 소득 구조, 안정적인 주거 시스템, 예측 가능한 금융 환경이 필요하다.

결국 설상가상의 교훈은 명확하다. 위기는 겹칠수록 치명적이 된다. 눈 위에 서리가 내리지 않게 하려면, 눈을 치우는 것만으로는 부족하다. 기후를 바꾸는 것은 어렵지만, 대비하는 태도는 바꿀 수 있다. 금리 인상기의 금융은 속도보다 균형, 처벌보다 보호, 단기 성과보다 지속 가능성을 요구한다.

3부의 흐름에서 설상가상은 경고의 장이다. 신용과 유동성, 레버리지와 연쇄반응이 모두 가계의 삶으로 연결되는 지점이기 때문이다. 금융은 추상적인 숫자가 아니라, 일상의 온도다. 그 온도가 급격히 떨어질 때, 사회는 함께 버틸 방법을 찾아야 한다. 설상가상을 넘는 길은, 고통을 외면하지 않는 데서 시작된다.

전화위복 轉禍爲福

양적 완화와 경기 회복의 단초

재앙의 문턱에서 방향을 틀다
―전화위복의 순간

'전화위복'은 화가 바뀌어 복이 된다는 뜻이다. 그러나 이 사자성어는 낙관을 허락하지 않는다. 저절로 바뀌는 것은 없기 때문이다. 위기는 방향을 잘못 잡으면 더 큰 재앙이 되고, 선택을 바꾸면 회복의 전환점이 된다. 금융에서 전화위복이 실현되는 지점은 정책의 결단과 타이밍이다.

경기 침체가 깊어질 때, 금리 인하와 함께 등장하는 정책이 양적 완화다. 중앙은행이 직접 시장에 유동성을 공급해 금융 시스템의 숨통을 틔우는 방식이다. 이는 전통적 통화정책의 한계를 넘어선 선택이며, 위기의 심연에서 방향을 틀기 위한 고육지책이다.

동양의 지혜는 위기를 '기(氣)의 막힘'으로 본다. 기가 막히면 병이 되고, 흐르면 회복된다. 양적 완화는 막힌 혈관에 피를 흘려보내는 처방이다. 그러나 과도하면 또 다른 부작용을 낳는다. 전화위복은 전환의 기술이지, 만병통치약이 아니다.

돈을 풀면 경기는 살아나는가
—유동성의 양면성

양적 완화의 목적은 단순하다. 자금 경색을 완화하고, 신용 흐름을 회복시키며, 심리를 안정시키는 것이다. 위기 국면에서 가장 먼저 무너지는 것은 실물이 아니라 신뢰다. 은행이 대출을 멈추고, 기업이 투자를 미루며, 가계가 소비를 접을 때, 경제는 얼어붙는다.

중앙은행이 국채와 자산을 매입하면, 시장에는 유동성이 넘친다. 금리는 낮아지고, 자산 가격은 반등한다. 이는 실물경제로의 파급을 기대한 조치다. 동양 사자성어로 보면, 이는 빙산을 녹이는 불씨다. 작아 보이지만, 흐름을 바꾼다.

그러나 문제는 방향이다. 유동성이 실물로 가지 않고 자산 시장에만 머무르면, 전화위복은 반쪽짜리가 된다. 자산 가격 상승은 부를 가진 이들에게 유리하고, 격차를 확대한다. 전화위복이 전화위화(轉禍爲禍)로 바뀌는 지점이다. 동양의 지혜가 경계하는 것은 바로 이 과유불급의 순간이다.

전환의 조건
—정책보다 중요한 심리의 회복

전화위복의 핵심은 숫자가 아니라 사람의 마음이다. 양적 완화가 효과를 발휘하는 순간은, 사람들이 '이제 최악은 지났다'고 믿을 때다. 통화정책은 심리를 통해 작동한다. 미래에 대한 기대가 바뀌지 않으면, 아무리 돈을 풀어도 경제는 움직이지 않는다.

동양 철학은 이를 '마음의 방향 전환'으로 설명한다. 길이 바뀌는 것이 아니라, 바라보는 방향이 바뀌는 것이다. 기업이 투자 계획을 다시 세우고, 가계가 소비를 조금씩 늘리며, 금융기관이 리스크를 감내하기 시작할 때, 전화위복은 현실이 된다.

하지만 이 전환은 취약하다. 출구 전략이 늦어지면, 과도한 유동성은 거품을 키운다. 너무 빠르면 회복의 싹을 꺾는다. 전화위복의 진정한 어려움은 되돌아가는 타이밍이다. 동양의 지혜가 말하는 중용은, 바로 이 시점을 읽는 능력이다.

결국 전화위복은 우연이 아니라 선택이다. 위기를 복으로 바꾸는 힘은 정책의 크기가 아니라, 일관성과 신뢰에서 나온다. 중앙은행의 말 한마디, 신호 하나가 시장을 움직인다. 이는 권력의 문제이자, 책임의 문제다.

3부의 흐름에서 전화위복은 중요한 분기점이다. 연쇄반응과 설상가상이 무너뜨린 신뢰를 다시 세우는 첫 시도이기 때문이다. 그러나 기억해야 한다. 전화위복은 영원하지 않다. 위기를 넘기는 데 성공했다고 해서, 구조적 문제까지 사라지는 것은 아니다.

전화위복의 진정한 완성은, 다음 위기를 준비하는 데서 이루어진다. 위기를 통해 배운 교훈을 잊지 않을 때, 화는 다시 복으로 돌아온다. 그것이 금융이 동양의 지혜에서 배워야 할 가장 중요한 태도다.

이심전심 以心傳心

시장의 기대 심리와 통화 정책

말보다 빠른 신호
─기대가 먼저 움직인다

'이심전심'은 말이나 글이 없어도 마음이 통한다는 뜻이다. 금융 시장에서 이 사자성어만큼 정확한 표현은 드물다. 중앙은행이 공식 결정을 내리기 전부터 시장은 이미 움직인다. 금리 인상 발표 이전에 채권 금리가 오르고, 정책 완화의 뉘앙스만으로 주가는 반응한다. 시장은 결정을 기다리지 않는다. 기대를 먼저 읽고 행동한다.

통화정책은 본질적으로 미래에 대한 약속이다. 오늘의 금리는 내일의 방향을 암시하고, 중앙은행 총재의 한 문장은 수개월 후의 정책을 예고한다. 이때 작동하는 힘이 바로 기대 심리다. 시장은 숫자보다 의도를 해석한다. 말의 강도, 표정, 질문에 대한 답변의 망설임까지 신호로 읽는다.

동양의 지혜는 이를 '기운의 전달'로 설명한다. 바람이 불기 전에 나뭇잎이 먼저 흔들린다. 통화정책의 실질 효과는 실행 시점이 아니라, 기대가 형성되는 순간에 이미 시작된다. 이심전심은 그래서 금융에서 가장 빠른 메커니즘이다.

기대 관리의 기술
―통화정책은 심리의 설계다

중앙은행의 역할은 단순히 금리를 정하는 데 있지 않다. 더 중요한 것은 기대를 관리하는 능력이다. 불확실성이 커질수록 시장은 과민해지고, 작은 신호에도 과잉 반응한다. 이때 명확하지 않은 메시지는 오히려 혼란을 키운다.

현대 통화정책에서 '포워드 가이던스'가 중요한 이유도 여기에 있다. 중앙은행은 정책 경로를 미리 설명함으로써 시장의 불안을 줄이고, 과도한 변동성을 억제하려 한다. 이는 명령이 아니라 공감의 시도다. 시장이 정책 의도를 이해하고, 스스로 조정하도록 유도하는 것이다.

동양 사상은 이를 덕으로 다스림에 비유한다. 강제보다 신뢰가 오래간다. 통화정책도 마찬가지다. 일관된 메시지, 예측 가능한 행동은 신뢰를 쌓고, 그 신뢰가 시장의 자율적 안정을 만든다. 이심전심은 우연이 아니라, 반복된 신뢰의 결과다.

마음이 어긋날 때
─신뢰 붕괴의 위험

그러나 이심전심은 언제든 깨질 수 있다. 말과 행동이 어긋나거나, 정책이 자주 번복되면 시장은 혼란에 빠진다. 기대가 무너지면, 통화정책의 효과는 급격히 떨어진다. 금리를 내려도 투자가 늘지 않고, 돈을 풀어도 소비는 회복되지 않는다. 이는 신뢰의 단절이 만들어 내는 공백이다.

동양의 지혜는 마음이 갈라질 때를 가장 경계한다. 겉으로는 질서가 유지되는 듯 보여도, 내부의 믿음이 무너지면 붕괴는 갑작스럽다. 금융위기에서 자주 목격되는 급변 사태는 대부분 이 지점에서 발생한다. 이심전심이 동상이몽으로 바뀌는 순간이다.

따라서 통화정책의 가장 큰 리스크는 정책 실패가 아니라 소통 실패다. 시장은 완벽한 정책을 요구하지 않는다. 다만 예측 가능한 방향과 설명 가능한 선택을 원한다. 이 요구를 외면할 때, 작은 충격도 큰 파동으로 번진다.

3부의 흐름에서 이심전심은 중요한 전환점이다. 연쇄반응과 설상가상, 전화위복을 관통하는 보이지 않는 실이 바로 기대와 신뢰이기 때문이다. 돈의 양보다 중요한 것은 마음의 방향이다.

이심전심의 경제학은 이렇게 말한다. 시장은 숫자로 움직이지만, 방향은 마음으로 정해진다. 중앙은행이 해야 할 일은 돈을 찍는 것이 아니라, 신뢰를 축적하는 일이다. 말 한마디가 금리보다 무거운 시대, 통화정책은 결국 사람의 심리를 다루는 예술이 된다.

천고마비 ^{天高馬肥}

유동성 파티와 거품 경제

하늘은 높고 말은 살찐다
—유동성의 계절

'천고마비'는 가을이 되어 하늘은 높고 말은 살찐다는 뜻이다. 원래는 풍요와 여유의 상징이지만, 역사 속에서는 경계의 말이기도 했다. 풍요는 방심을 부르고, 방심은 위험을 키운다. 금융에서 천고마비는 유동성이 넘치는 시기를 가리킨다. 금리는 낮고, 돈은 싸며, 시장에는 낙관이 가득하다.

저금리와 양적 완화가 장기간 지속되면 자금은 갈 곳을 찾는다. 실물 투자가 정체되면, 돈은 자산 시장으로 몰린다. 주식, 부동산, 대체 자산의 가격은 빠르게 오른다. 이때 시장은 성장을 이야기하지만, 실제로는 유동성의 힘이 가격을 밀어 올린다. 천고마비의 계절은 이렇게 시작된다.

동양의 지혜는 풍요의 순간에 마음을 단단히 하라고 말한다. 배가 부를수록 경계심은 낮아진다. 금융에서도 마찬가지다. 돈이 쉽게 벌리는 환경은 위험 감각을 무디게 만든다. 천고마비는 축복처럼 보이지만,

그 이면에는 과잉의 씨앗이 숨어 있다.

살찐 말의 질주
—거품은 어떻게 만들어지는가

자산 가격이 오르면 사람들은 이유를 찾는다. 새로운 기술, 새로운 시대, 새로운 패러다임. 이야기들은 그럴듯하다. 그러나 거품의 본질은 대부분 풍부한 유동성이다. 돈이 많아지면, 가격은 오른다. 가격이 오르면, 더 많은 사람이 뛰어든다. 이 과정에서 가치와 가격의 거리는 점점 멀어진다.

천고마비의 위험은 자기 강화 메커니즘에 있다. '가격 상승 → 낙관 확대 → 레버리지 증가 → 추가 상승'. 이 순환은 멈추기 어렵다. 동양 사자성어로 보면, 이는 과유불급의 길이다. 충분함을 넘어선 순간, 균형은 무너진다.

특히 금융에서는 "이번에는 다르다."라는 말이 반복된다. 그러나 역사는 반복해서 경고한다. 거품의 형태는 달라도, 구조는 유사하다. 유동성 파티가 길어질수록, 시장은 현실보다 기대에 의존한다. 천고마비의 절정은 종종 붕괴의 문턱이다.

가을이 지나면 겨울이 온다
─출구의 지혜

천고마비의 계절이 영원할 수는 없다. 유동성은 결국 조정된다. 금리가 오르고, 정책이 바뀌며, 기대는 식는다. 문제는 출구의 순간이다. 과잉의 시기에 쌓인 레버리지는 작은 충격에도 크게 흔들린다. 살찐 말은 방향을 틀기 어렵다.

동양의 지혜는 절정에서 내려올 줄 아는 용기를 강조한다. 높을수록 낮아질 준비를 하라는 가르침이다. 금융에서도 마찬가지다. 천고마비의 시기에는 수익보다 리스크 관리가 더 중요하다. 언제든 계절은 바뀐다.

정책의 역할도 중요하다. 유동성을 풀 때만큼, 거둘 때의 신중함이 필요하다. 너무 빠른 긴축은 붕괴를 부르고, 너무 늦은 대응은 거품을 키운다. 중용의 감각은 여기서 빛난다. 천고마비를 즐기되, 취하지 않는 태도. 그것이 금융의 지혜다.

3부의 흐름에서 천고마비는 달콤한 경고다. 연쇄반응과 설상가상, 전화위복, 이심전심을 거쳐 시장이 다시 낙관으로 기울 때, 우리는 가장 취약해진다. 풍요는 안심을, 안심은 방심을 낳기 때문이다.

천고마비의 경제학은 이렇게 말한다. 돈이 넘칠수록, 절제는 더 큰 덕목이 된다. 하늘이 높고 말이 살찔 때야말로, 고삐를 잡아야 한다. 시장의 진짜 실력은 풍요의 순간이 아니라, 풍요를 관리하는 능력에서 드러난다.

독야청청 獨也青青

안전 자산으로의 자산 쏠림 현상

홀로 푸른 나무
—위기 속 안전 자산의 탄생

'독야청청'은 주변의 나무가 모두 시들어도 홀로 푸르게 남아 있다는 뜻이다. 동양에서 이 말은 절개와 고립의 상징이다. 금융시장에서 독야청청은 안전 자산을 가리킨다. 위기가 닥치면 대부분의 자산 가격이 흔들리지만, 어떤 자산은 오히려 주목을 받는다. 국채, 금, 달러, 현금. 이들은 혼란의 숲에서 홀로 푸른 나무처럼 서 있다.

위기의 순간, 투자자들은 수익보다 생존을 먼저 생각한다. 가격 상승을 기대하던 시기와 달리, 손실을 피하는 것이 최우선 목표가 된다. 이때 자산 선택의 기준은 수익률이 아니라 신뢰도다. 얼마나 안전한가, 얼마나 빨리 현금화할 수 있는가, 위기에서 누가 끝까지 책임지는가가 중요해진다.

동양의 지혜는 이를 '흔들림 속의 중심'으로 본다. 세상이 요동칠수록 중심은 더욱 중요해진다. 금융에서 그 중심이 바로 안전 자산이다. 독야청청은 우연이 아니라, 위기가 만들어 낸 선택의 결과다.

쏠림의 역설
—모두가 안전을 찾을 때 생기는 위험

안전 자산 선호는 자연스러운 반응이지만, 동시에 역설을 품고 있다. 모두가 같은 방향으로 움직이면, 시장은 왜곡된다. 안전 자산의 가격은 급등하고, 위험 자산은 과도하게 저평가된다. 이는 자원의 효율적 배분을 해친다.

독야청청의 또 다른 얼굴은 고립의 비용이다. 자금이 안전 자산으로만 몰리면, 기업 투자와 실물 경제는 위축된다. 경제는 더 깊은 침체로 빠질 수 있다. 개인에게는 합리적인 선택이, 사회 전체에는 부담이 되는 순간이다. 이는 앞서 살펴본 연쇄반응의 또 다른 형태다.

동양 사상은 극단을 경계한다. 한쪽으로만 기울면, 균형은 무너진다. 안전 자산 쏠림은 불확실성의 신호이자, 정책 실패의 경고이기도 하다. 시장이 위험을 감수하지 않겠다는 것은, 미래에 대한 믿음이 약해졌다는 뜻이기 때문이다.

독야청청을 넘어서
—신뢰가 회복되는 순간

독야청청은 영원한 상태가 아니다. 위기가 진정되고, 신뢰가 회복되면 자산의 흐름은 다시 바뀐다. 위험 자산은 서서히 주목을 받고, 안전 자산의 프리미엄은 줄어든다. 이 전환의 핵심은 심리의 회복이다.

동양의 지혜는 고립을 미덕으로만 보지 않는다. 때로는 홀로 서야 하지만, 궁극적으로는 조화 속으로 돌아가야 한다고 말한다. 금융에서도 마찬가지다. 안전 자산은 위기를 버티는 도구이지, 성장의 엔진은 아니다. 성장은 위험을 감수할 때 시작된다.

정책의 역할은 이 전환을 돕는 데 있다. 불확실성을 줄이고, 규칙을 명확히 하며, 시장 참여자들이 다시 위험을 감내할 수 있도록 환경을 만드는 것이다. 독야청청의 시간이 길어질수록, 회복은 더 어려워진다.

3부의 마지막 장에서 독야청청은 중요한 마침표다. 화폐의 신용, 복리의 힘, 레버리지의 위험, 유동성의 흐름, 연쇄반응과 설상가상, 전화위복과 이심전심, 천고마비까지. 모든 흐름이 결국 신뢰와 불확실성으로 귀결된다.

독야청청의 경제학은 이렇게 말한다. 위기에서 살아남는 자산은 강해서가 아니라, 믿을 수 있기 때문에 선택된다. 그러나 경제가 다시 숨을 쉬려면, 홀로 푸른 나무가 숲으로 돌아와야 한다. 안전과 성장은 대립이 아니라 순환이다. 그 순환을 이해하는 것이 금융의 지혜다.

투자의 정석과 인간의 심리

[투자와 행동경제]

시장보다 위험한 것은 사람의 마음이다

투자는 합리적 계산의 영역처럼 보이지만, 실제로는 심리의 영향을 가장 크게 받는 분야다. 4부는 투기와 투자의 경계, 군중 심리, 손절과 기다림, 데이터 집착의 함정을 사자성어로 풀어낸다. 일확천금과 부화뇌동은 탐욕의 위험을, 각주구검과 당랑거철은 현실을 오판하는 인간의 한계를 경고한다.

4부의 핵심 메시지는 분명하다. 시장을 이기려 하지 말고, 자기 자신을 관리하라. 성공적인 투자는 정보보다 태도에서 시작된다.

일확천금 一攫千金

투기와 투자의 한 끗 차이

단번에 부자가 되고 싶은 마음
—일확천금의 유혹

'일확천금'은 한 번 움켜쥐어 큰돈을 번다는 뜻이다. 인간의 역사에서 이 말은 늘 강력한 유혹이었다. 땀 흘리지 않고, 시간을 들이지 않고, 단숨에 인생을 바꾸고 싶다는 욕망은 시대와 문명을 초월한다. 투자 시장은 이 욕망이 가장 집약적으로 드러나는 공간이다.

주식, 부동산, 가상자산, 파생상품까지. 시장이 열릴 때마다 "이번 기회만 잡으면 된다."라는 이야기가 반복된다. 단기간에 몇 배가 올랐다는 성공담은 빠르게 퍼지고, 실패담은 조용히 사라진다. 이때 사람들은 계산보다 이야기에 반응한다. 이성보다 감정이 앞선다.

동양의 지혜는 이를 오래전부터 경계해 왔다. 급하게 얻은 것은 급하게 잃는다는 가르침, 하늘이 허락하지 않은 부는 오래가지 않는다는 인식이 바로 그것이다. 일확천금은 부의 방식이 아니라, 마음의 상태를 가리킨다. 투자에서 가장 위험한 순간은 시장이 아니라, 이 마음이 고개를 들 때다.

투기와 투자의 경계
―확률을 무시하는 순간

투기와 투자의 차이는 자주 결과로 오해된다. 돈을 벌면 투자, 잃으면 투기라는 식이다. 그러나 경제학적으로 둘의 차이는 과정과 태도에 있다. 투자는 불확실성을 관리하려 하고, 투기는 불확실성을 무시한다.

투자는 기대수익과 위험을 함께 계산한다. 분산, 시간, 현금 흐름, 손실 가능성을 고려한다. 반면 투기는 상승 가능성만 바라본다. "이번엔 다르다.", "곧 터진다."라는 말 속에는 확률의 개념이 없다. 일확천금의 사고방식은 단 한 번의 성공에 모든 것을 건다.

행동경제학은 이를 확률 왜곡이라고 설명한다. 사람은 낮은 확률의 큰 이익을 과대평가하고, 높은 확률의 작은 손실을 과소평가한다. 복권, 고위험 투자, 과도한 레버리지가 반복되는 이유다. 동양 사자성어로 표현하면, 이는 각주구검과 닮아 있다. 흐르는 강물 위에서 과거의 칼자국을 믿고 뛰어드는 모습이다.

투기와 투자의 경계는 얇다. 그러나 그 얇은 경계는 한 가지 질문으로 구분된다. "이 선택이 실패해도 감당할 수 있는가?" 이 질문을 외면하는 순간, 투자는 투기로 변한다.

오래가는 부의 조건
―절제와 시간의 힘

동양의 지혜에서 부는 속도가 아니라 지속성의 문제다. 오래 쌓고, 오래 지키는 것이 진짜 부다. 이는 현대 투자 이론과도 정확히 맞닿아 있다. 복리, 장기 투자, 분산 전략은 모두 시간을 아군으로 만드는 방식이다.

일확천금은 시간을 적으로 만든다. 빨리 벌어야 하고, 지금 아니면 안 된다는 조급함은 판단을 흐린다. 반면 투자는 시간을 동반자로 삼는다. 시장의 변동을 견디고, 실수를 수정하며, 천천히 나아간다. 이 차이는 단기간에는 보이지 않지만, 시간이 지날수록 결과는 극명하게 갈린다.

동양 사상은 이를 중용의 덕목으로 설명한다. 지나치지 않고, 부족하지 않게. 욕망을 완전히 부정하지 않되, 욕망에 끌려가지 않는 태도다. 투자에서의 중용은 수익을 포기하라는 말이 아니라, 지속 가능한 속도를 선택하라는 의미다.

결국 투자의 성패는 정보가 아니라 태도에서 갈린다. 같은 시장, 같은 자산에서도 누군가는 일확천금을 꿈꾸다 사라지고, 누군가는 조용히 부를 쌓는다. 차이는 한 끗이다. 그러나 그 한 끗은 인생을 가른다.

4부의 첫 장에서 일확천금은 경고의 종이다. 인간의 심리가 시장에서 어떤 모습으로 드러나는지를 보여 주는 가장 선명한 사례이기 때문이다. 투자는 숫자의 게임처럼 보이지만, 실제로는 자기 통제의 게임이다. 일확천금의 경제학은 이렇게 말한다. 단번에 얻은 돈은 단번에 사라질 준비가 되어 있다. 오래 남는 부는, 늘 조용히 만들어진다.

군계일학 群鷄一鶴

블루오션과 차별화 전략

닭들 사이의 학
—비교가 만든 착시

'군계일학'은 수많은 닭 무리 속에서 단연 돋보이는 학 한 마리를 뜻한다. 이 사자성어는 뛰어남의 비유이지만, 동시에 비교의 함정을 내포한다. 우리는 늘 상대 속에서 자신을 평가한다. 투자에서도 마찬가지다. 수익률, 순위, 인기 종목. 모든 판단의 기준은 '남보다 나은가'에 맞춰진다.

그러나 비교는 자주 본질을 가린다. 모두가 같은 종목, 같은 테마, 같은 전략을 좇을 때, 경쟁은 치열해지고 수익은 얇아진다. 닭들 사이에서 또 다른 닭이 되는 순간이다. 군계일학은 단순히 더 잘하는 것이 아니라, 다른 기준으로 서는 것을 의미한다.

동양의 지혜는 스스로의 자리를 아는 것을 중시한다. 남과 같은 길에서 남보다 앞서려 하기보다, 다른 길을 선택해 두각을 드러내라는 가르침이다. 투자에서 군계일학은 속도의 문제가 아니라, 방향의 문제다.

블루오션의 착각
—남들이 안 하는 것이 답일까

군계일학은 흔히 블루오션 전략과 연결된다. 경쟁자가 없는 곳을 찾아 차별화하라는 조언이다. 그러나 모든 블루오션이 기회는 아니다. 사람이 없다는 것은, 그만한 이유가 있기 때문이다. 수요가 없거나, 위험이 크거나, 구조적으로 수익이 나지 않는 경우도 많다.

투자에서의 진짜 차별화는 '남들이 안 한다'가 아니라, 남들이 잘못 이해하고 있는 것을 바로 보는 능력이다. 이는 정보의 양이 아니라, 해석의 깊이에서 나온다. 같은 데이터를 보고도 다른 결론을 내릴 수 있어야 한다.

동양 사상은 이를 본말전도하지 말라고 경고한다. 다르기 위해 다른 선택을 하면, 그 자체가 목적이 되어 실패한다. 군계일학은 의도적으로 튀는 것이 아니라, 자연스럽게 드러나는 차이다. 실력과 통찰이 쌓였을 때, 학은 닭 무리 속에서도 학으로 보인다.

혼자 서는 용기
—차별화의 비용과 보상

군계일학의 길은 외롭다. 다수가 선택한 길은 심리적으로 편하다. 손실이 나도 '다들 그랬다'고 위안할 수 있다. 반면 혼자 다른 판단을 하면, 결과가 나올 때까지 의심과 조롱을 감수해야 한다. 차별화에는 심리적 비용이 따른다.

행동경제학은 이를 동조 압력이라고 설명한다. 인간은 집단에서 벗어나는 것을 본능적으로 두려워한다. 그래서 많은 투자자가 옳다고 믿으면서도 다수의 선택을 따른다. 그러나 수익은 늘 그 반대편에 있다. 모두가 같은 생각을 할 때, 이미 가격에는 그 생각이 반영돼 있기 때문이다.

동양의 지혜는 여기서 독립의 덕목을 강조한다. 홀로 판단하고, 홀로 책임지는 태도다. 군계일학의 보상은 즉각적이지 않다. 그러나 시간이 지나면 차이는 누적된다. 방향의 차이는 결국 결과의 격차로 드러난다.

4부의 흐름에서 군계일학은 중요한 원칙을 제시한다. 투자는 경쟁이지만, 동시에 자기 자신과의 싸움이다. 남과의 비교에서 벗어날수록, 선택은 명확해진다. 학은 닭을 이기려 하지 않는다. 그저 학답게 날 뿐이다.

군계일학의 경제학은 이렇게 말한다. 다르게 보이는 것은 위험이지만, 다르게 생각하지 않으면 수익도 없다. 진짜 차별화는 소음 속에서 본질을 붙드는 능력이다.

부화뇌동 附和雷同

쏠림 현상과 군중 심리의 위험

천둥이 치면 함께 울린다
—군중 속의 안도감

부화뇌동은 남의 의견에 아무 생각 없이 맞장구치며 따라간다는 뜻이다. 이 말에는 경멸의 뉘앙스가 담겨 있지만, 동시에 인간 심리의 본질을 정확히 찌른다. 우리는 혼자 틀리는 것보다, 함께 틀리는 것을 덜 두려워한다. 투자 시장은 이 심리가 가장 적나라하게 드러나는 공간이다.

어떤 종목이 오르기 시작하면, 이유는 곧 뒤따라 붙는다. 뉴스가 나오고, 전문가가 해설하고, SNS와 커뮤니티는 확신으로 가득 찬다. 이때 많은 사람은 스스로 판단했다고 믿지만, 실제로는 이미 형성된 분위기에 편승한다. 부화뇌동은 무지의 결과가 아니라, 불안 회피의 선택이다.

동양의 지혜는 집단의 기세를 경계하라고 말한다. 큰 소리는 판단을 흐리고, 다수의 외침은 이성을 마비시킨다. 부화뇌동의 위험은 정보 부족이 아니라, 판단 포기의 유혹에 있다.

쏠림 현상의 메커니즘
─합리적 선택의 비합리적 결과

행동경제학은 부화뇌동을 쏠림 현상(Herd Behavior)으로 설명한다. 각 개인은 나름 합리적으로 행동하지만, 집단의 결과는 비합리적으로 나타난다. '다들 사니까 나도 산다', '모두가 팔 때 혼자 버틸 수는 없다'는 판단은 개인에게는 이해 가능하지만, 집단 전체에는 거품과 붕괴를 낳는다.

쏠림 현상은 정보의 비대칭과 결합할 때 더욱 강해진다. 남들이 뭔가 알고 있을 것이라는 추측, 뒤처질 것이라는 두려움이 판단을 지배한다. 이른바 FOMO(Fear Of Missing Out), '놓칠 것에 대한 공포'다. 이 공포는 분석보다 빠르게 작동하고, 신중함보다 강력하다.

동양 사상은 이를 군중의 그림자로 본다. 빛이 강할수록 그림자도 짙어진다. 시장의 열기가 높아질수록, 그 이면의 위험도 커진다. 부화뇌동은 시장의 활력을 키우는 동시에, 붕괴의 에너지를 축적한다.

혼자 멈출 수 있는가
─부화뇌동을 벗어나는 법

부화뇌동에서 벗어나는 가장 어려운 지점은 용기다. 정보는 충분해도, 혼자 다른 선택을 하기는 쉽지 않다. 다수와 다른 판단은 즉각적인 불안을 동반한다. 그러나 투자에서 진짜 리스크는 틀리는 것이 아니라, 생각 없이 따라가는 것이다.

동양의 지혜는 멈춤의 가치를 강조한다. 모두가 달릴 때 한 걸음 물러서는 것, 그것이 지혜의 시작이다. 투자에서도 마찬가지다. 가격이 아니라 가치로, 분위기가 아니라 구조로 판단할 때 부화뇌동의 고리를 끊을 수 있다.

구체적으로는 세 가지 질문이 도움이 된다. 첫째, 내가 이 자산을 이해하고 있는가. 둘째, 이 선택이 실패해도 감당할 수 있는가. 셋째, 지금의 가격에 이미 어떤 기대가 반영돼 있는가. 이 질문에 명확히 답하지 못한다면, 그 선택은 부화뇌동일 가능성이 크다.

4부의 흐름에서 부화뇌동은 군계일학의 반대편에 서 있다. 남들과 다르게 서는 것이 어렵다면, 최소한 무비판적 동조는 피하라는 경고다. 시장은 늘 다수의 의견으로 움직이지만, 수익은 다수의 끝에서 사라진다.

부화뇌동의 경제학은 이렇게 말한다. 모두가 같은 생각을 할 때, 그 생각은 이미 가격이 되었다. 투자의 시작은 남의 판단에서 벗어나는 순간이다.

조변석개 朝變夕改

변동성이 큰 시장에서의 대응

아침에 옳고 저녁에 틀린다
—변동성의 시대

'조변석개'는 아침에 바꾸고 저녁에 다시 고친다는 뜻이다. 원래는 신념과 원칙 없이 입장을 수시로 바꾸는 태도를 비판하는 말이지만, 오늘날의 금융시장을 설명하는 데 이보다 적확한 표현은 드물다. 시장은 하루에도 몇 번씩 분위기가 바뀌고, 어제의 확신은 오늘의 실수가 된다.

글로벌 금융시장은 24시간 쉼 없이 움직인다. 뉴스, 지표, 발언 하나가 가격을 흔든다. 이 환경에서 투자자는 끊임없이 판단을 수정해야 한다는 압박을 받는다. 문제는 변화 자체가 아니라, 변화에 대한 과잉 반응이다. 조변석개의 위험은 시장의 변덕이 아니라, 그 변덕에 휘둘리는 인간의 심리에 있다.

동양의 지혜는 세상은 늘 변한다고 말한다. 변화를 부정하는 것이 아니라, 변화 속에서도 변하지 않는 중심을 세우라는 가르침이다. 투자에서 이 중심이 없을 때, 조변석개는 생존 전략이 아니라 자기 파괴의 경로가 된다.

잦은 판단 수정의 함정
—반응과 대응의 차이

변동성이 클수록 투자자는 자주 움직인다. 가격이 오르면 따라가고, 내리면 도망친다. 이는 스스로를 '민첩하다'고 착각하게 만든다. 그러나 행동경제학은 잦은 매매가 대부분의 경우 성과를 악화시킨다고 말한다. 이유는 간단하다. 인간은 정보보다 감정에 더 빠르게 반응하기 때문이다.

조변석개는 정보의 축적이 아니라, 감정의 누적을 낳는다. 작은 손실은 불안을 키우고, 작은 수익은 과신을 부른다. 이 감정의 진폭이 커질수록 판단은 더 흔들린다. 결국 투자자는 시장보다 자기 자신과 싸우게 된다.

동양 사상에서 이는 '마음이 정처 없이 떠도는 상태'로 비유된다. 마음이 흔들리면 눈앞의 파도만 보이고, 흐름은 보이지 않는다. 조변석개의 함정은 바로 이 시야의 축소다. 단기 변동에 집중할수록, 장기 방향은 사라진다.

변화를 다루는 지혜
—고정과 유연의 균형

조변석개를 피하는 길은 변화를 무시하는 데 있지 않다. 오히려 반대다. 변화를 전제로 한 원칙을 세워야 한다. 언제 판단을 바꿀 것인지,

언제 유지할 것인지를 미리 정해 두는 것이다. 이는 즉흥적 반응을 구조화된 대응으로 바꾼다.

동양의 지혜는 이를 중용이라 부른다. 고집도 문제지만, 무원칙한 유연성은 더 큰 문제다. 투자에서도 마찬가지다. 핵심 가정이 깨졌을 때는 과감히 방향을 바꾸되, 단순한 가격 변동에는 흔들리지 않는 기준이 필요하다.

구체적으로는 세 가지가 중요하다. 첫째, 투자 논리가 무엇이었는지를 명확히 기록할 것. 둘째, 그 논리가 깨지는 조건을 사전에 정해 둘 것. 셋째, 감정이 아닌 사실의 변화에만 반응할 것. 이 기준이 있을 때, 판단의 수정은 조변석개가 아니라 학습의 과정이 된다.

4부의 흐름에서 조변석개는 부화뇌동의 다음 단계다. 군중을 따라 움직이다 보면, 시장의 작은 흔들림에도 판단은 쉽게 바뀐다. 그러나 투자는 방향의 문제이지, 매 순간의 선택 문제가 아니다.

조변석개의 경제학은 이렇게 말한다. 변동성이 클수록, 더 빨리 움직여야 하는 것은 손이 아니라 생각의 기준이다. 아침의 판단이 저녁에 바뀌지 않으려면, 하루를 관통하는 중심이 필요하다.

권토중래 捲土重來

손절매 이후 다시 기회를 노리는 법

흙먼지를 말아 다시 돌아오다
─실패의 의미를 바꾸는 순간

'권토중래'는 패배한 뒤에 흙먼지를 일으키며 다시 돌아온다는 뜻이다. 동양에서 이 말은 단순한 복수를 뜻하지 않는다. 패배를 딛고 다시 일어서는 회복의 의지를 가리킨다. 투자에서 권토중래는 손실 이후의 태도를 묻는 말이다. 손절은 끝이 아니라, 다음 선택의 출발점이다.

대부분의 투자자는 손실을 실패의 낙인으로 받아들인다. 이 낙인은 판단을 왜곡한다. 손실을 인정하지 않으려는 마음은 더 큰 손실을 부르고, 손실에 대한 분노는 무리한 만회를 부른다. 권토중래가 어려운 이유는 시장 때문이 아니라, 자기감정 때문이다.

동양의 지혜는 패배를 숨기지 않는다. 오히려 기록하고, 돌아본다. 실패는 부끄러움이 아니라 학습의 자원이다. 투자에서 손절이 중요한 이유는 손실을 줄이기 위해서만이 아니라, 판단을 새로 시작하기 위해서다. 권토중래의 첫걸음은 잃은 돈이 아니라, 흔들린 마음을 정리하는 것이다.

손절의 기술
─물러남은 패배가 아니다

손절은 가장 어려운 결정 중 하나다. 손실을 확정 짓는 행위는 심리적 고통을 동반한다. 행동경제학은 이를 손실 회피 편향이라 부른다. 사람은 같은 크기의 이익보다 손실에서 더 큰 고통을 느낀다. 그래서 손실을 보고 있는 자산을 오래 붙잡는다.

그러나 시장은 감정을 보상하지 않는다. 손절을 미루는 것은 손실을 줄이는 선택이 아니라, 판단을 연기하는 선택일 뿐이다. 권토중래의 핵심은 손절 그 자체가 아니라, 손절 이후의 구조. 왜 손실이 발생했는지, 가정이 어디서 틀렸는지, 무엇을 수정해야 하는지를 분명히 해야 한다.

동양 사상에서 이는 퇴각의 지혜다. 물러날 줄 아는 장수가 결국 전쟁을 이긴다. 투자에서도 마찬가지다. 모든 싸움을 이길 필요는 없다. 중요한 것은 다음 싸움을 준비할 수 있는 상태를 유지하는 것이다. 손절은 패배 선언이 아니라, 재정비의 신호다.

다시 들어갈 수 있는가
─회복 탄력성과 절제

권토중래의 가장 어려운 단계는 다시 시장에 들어가는 용기다. 한 번의 실패는 과도한 조심성이나, 반대로 무리한 보복 매매로 이어지기 쉽다. 둘 다 위험하다. 회복 탄력성은 단순히 다시 투자하는 것이 아니라, 이전과 다른 방식으로 돌아오는 것이다.

동양의 지혜는 같은 강에 두 번 발을 담글 수 없다고 말한다. 환경은 바뀌었고, 나 역시 바뀌어야 한다. 실패 이후의 투자는 규모를 줄이고, 가정을 단순화하며, 리스크를 명확히 관리하는 데서 시작해야 한다. 권토중래는 속도가 아니라, 질서의 문제다.

중요한 것은 절제다. 손실을 만회하려는 조급함은 다시 실패를 부른다. 동양 사상에서 절제는 욕망을 억누르는 것이 아니라, 욕망을 다루는 기술이다. 투자에서도 마찬가지다. 다시 기회를 노리되, 모든 기회를 잡으려 하지 않는 태도가 필요하다.

4부의 흐름에서 권토중래는 전환점이다. 조변석개의 흔들림을 지나, 실패를 학습으로 바꾸는 단계이기 때문이다. 투자는 연속된 성공의 기록이 아니라, 실패를 관리하는 과정이다.

권토중래의 경제학은 이렇게 말한다. 진짜 실력은 이길 때가 아니라, 졌을 때 드러난다. 다시 돌아올 수 있는 사람만이, 끝까지 남는다.

지피지기 知彼知己

리스크 관리와 자기 객관화

적을 알고 나를 안다는 것
—투자에서의 첫 번째 전략

'지피지기'는 적을 알고 나를 알면 백 번 싸워도 위태롭지 않다는 뜻이다. 이 말은 전쟁의 격언으로 알려져 있지만, 투자만큼 이 문장이 정확히 들어맞는 분야도 드물다. 투자에서 '적'은 시장이 아니다. 정보도 아니다. 가장 먼저 알아야 할 대상은 자기 자신이다.

많은 투자자가 시장 분석에 집착한다. 거시 지표, 기업 실적, 기술적 신호를 공부한다. 물론 중요하다. 그러나 같은 정보를 보고도 결과는 극명하게 갈린다. 차이를 만드는 것은 정보가 아니라, 정보를 받아들이는 사람의 성향이다.

위험을 감내할 수 있는 범위, 손실을 견디는 심리, 투자에 허용할 수 있는 시간의 길이와 속도는 모두 사람마다 다르다. 이 개인적 조건을 무시한 투자는, 아무리 정교한 분석 위에 세워졌더라도 쉽게 무너진다.

동양의 지혜는 외부보다 내부를 먼저 살핀다. 마음이 정리되지 않으면, 아무리 날카로운 무기도 제대로 쓰지 못한다. 투자에서 지피지기는 시장을 이기기 위한 기술이 아니라, 자기 파괴를 막기 위한 최소 조건이다.

리스크의 정체
―숫자가 아니라 태도의 문제

리스크는 흔히 가격 변동이나 손실 가능성으로 이해된다. 그러나 더 본질적인 리스크는 예상과 현실의 간극에서 발생한다. 자신이 감당할 수 있다고 믿었던 손실이 실제로 닥쳤을 때, 태도가 무너지면 계획은 의미를 잃는다.

행동경제학은 이를 과신 편향과 자기기만으로 설명한다. 사람은 자신의 판단 능력을 과대평가하고, 불리한 가능성을 과소평가한다. 그래서 리스크 관리 계획은 세워 놓고도, 실제 상황에서는 지키지 못한다. 손절선을 정해 두고도 넘어서고, 분산을 약속하고도 집중한다.

동양 사상은 이를 분수(分數)를 모르는 상태라 한다. 자기 그릇의 크기를 알지 못하면, 넘침은 필연이다. 리스크 관리는 기술 이전에 겸손의 문제다. 무엇을 할 수 있는지보다, 무엇을 하면 안 되는지를 아는 것이 더 중요하다.

객관화의 훈련
―나를 밖에서 바라보는 힘

지피지기의 완성은 자기 객관화다. 이는 자신을 냉정하게 평가하는 능력이며, 투자에서 가장 얻기 어려운 자산이다. 사람은 자신의 성공은 실력으로, 실패는 운으로 설명하는 경향이 있다. 이 왜곡을 깨지 못하면, 같은 실수는 반복된다.

자기 객관화를 위한 가장 효과적인 방법은 기록이다. 투자 판단의 이유, 기대, 가정, 감정을 남기는 것이다. 시간이 지난 뒤 이를 다시 보면, 자신의 패턴이 드러난다. 언제 무리했는지, 언제 조급했는지, 언제 원칙을 어겼는지가 보인다. 이는 고통스럽지만, 성장의 출발점이다.

동양의 지혜는 매일 자신을 돌아보는 성찰의 습관을 중시한다. 하루의 끝에서 마음을 살피듯, 투자도 일정한 간격으로 자신을 점검해야 한다. 지피지기는 한 번의 깨달음이 아니라, 지속적인 훈련이다.

4부의 흐름에서 지피지기는 핵심축이다. 일확천금의 유혹, 군계일학의 고독, 부화뇌동의 압력, 조변석개의 흔들림, 권토중래의 회복. 이 모든 국면에서 중심을 잡는 힘이 바로 자기 인식이기 때문이다.

지피지기의 경제학은 이렇게 말한다. 시장을 이기려 하지 말고, 먼저 자신을 이겨라. 리스크는 바깥에 있는 것이 아니라, 내 안의 착각에서 시작된다.

각주구검 刻舟求劍

과거의 데이터에만 매몰된 투자의 위험

배에 새긴 칼자국
―과거의 성공이 만든 착각

'각주구검'은 달리는 배 위에 칼자국을 새겨두고서, 물에 빠뜨린 칼을 나중에 그 자리에 가서 찾으려 한다는 고사다. 이는 변화하는 현실의 맥락을 무시한 채, 오직 과거의 고정된 기준에만 매달리는 어리석음을 비유한 사자성어다. 현대의 투자 시장에서 이보다 더 정확하고 뼈아픈 경고는 존재하지 않는다.

많은 투자자는 과거의 성공 경험을 절대적인 기준으로 삼아 현재를 판단하곤 한다. "이 패턴은 늘 시장에서 먹혔다.", "이 지표는 결정적인 순간에 한 번도 틀린 적이 없다.", "이 전략은 과거 10년간 충분히 검증됐다." 이런 확신에 찬 말들은 투자자에게 일시적인 안도감을 준다. 그러나 시장은 쉼 없이 흐르는 강물과 같다. 결코 같은 자리에 머물러 있지 않으며 매 순간 변모한다.

동양의 지혜는 변화 그 자체를 자연의 거스를 수 없는 이치로 본다. 고정된 기준만으로 끊임없이 움직이는 세계를 해석하려는 순간, 우리의 판단은 어긋나기 마련이다. 각주구검의 진짜 위험은 데이터 그 자체가 아니라, 데이터에 대한 맹신과 집착이다. 과거는 유용한 참고자료일 뿐, 미래의 수익을 확정 짓는 보증서가 될 수 없음을 명심해야 한다.

백테스트의 함정
─숫자가 가려 버린 현실

현대 투자는 가히 데이터의 시대라 할 만하다. 과거 가격, 수익률, 변동성, 상관관계는 클릭 몇 번이면 손쉽게 얻을 수 있다. 백테스트는 전략의 타당성을 검증하는 매우 강력한 도구다. 그러나 문제는 이 이성적인 도구가 어느덧 하나의 견고한 신앙으로 변질될 때 발생한다.

과거 데이터로 지나치게 최적화된 전략은, 사실 과거 환경에만 가장 잘 맞도록 조정된 결과일 가능성이 크다. 이는 미래의 시장 환경이 조금만 바뀌어도 모래성처럼 쉽게 무너진다. 금리 체계, 정책 기조, 기술적 진보, 투자자 구성. 이 모든 것이 유기적으로 변하는데, 숫자만 과거의 모습 그대로일 수는 없다.

동양 사상의 관점에서 이는 형식에 집착하느라 사태의 본질을 놓치는 오류다. 숫자는 현상을 설명해 주지만, 그 이면의 복잡한 맥락까지 온전히 담아내지는 못한다. 각주구검식 투자는 과거의 박제된 모양을 현재에 억지로 끼워 맞추려 한다. 그 결과, 시장이 보내는 변화의 신호를 위험 신호가 아니라 단순한 잡음으로 치부하며 외면하게 된다.

흐름을 읽는 지혜
—과거를 버리지 않고 넘어서기

각주구검을 피하는 길은 과거를 버리는 데 있지 않다. 문제는 기억이 아니라, 집착이다. 과거의 데이터는 방향을 가늠하는 나침반일 수는 있지만, 자동 조종 장치는 아니다. 흐름을 읽는 힘은 숫자 너머에 있다.

동양의 지혜는 이를 '시중(時中)'이라 부른다. 때에 맞는 판단, 상황에 맞는 적용이다. 같은 전략도 환경이 바뀌면 조정되어야 한다. 과거의 성공을 그대로 반복하려 하기보다, 왜 성공했는지를 이해해야 한다. 그 원인을 이해할 때만, 변화 속에서도 응용이 가능하다.

투자에서 중요한 질문은 이것이다. "이 전략이 과거에 왜 통했는가?", "지금도 그 조건이 유지되고 있는가?" 이 질문에 답하지 못한다면, 그 투자는 각주구검에 가깝다. 변화에 맞게 기준을 경신할 수 있을 때, 과거는 짐이 아니라 지혜의 자산이 된다.

4부의 흐름에서 각주구검은 중요한 경계선이다. 지피지기로 자신을 알았다면, 이제는 시간의 변화를 인식해야 할 차례다. 투자자는 기억하는 사람이 아니라, 경신하는 사람이어야 한다.

각주구검의 경제학은 이렇게 말한다. 과거를 잊지 않는 것은 지혜지만, 과거에 머무는 것은 위험이다. 칼은 흐르는 물 속에 있고, 답은 늘 지금의 흐름 속에 있다.

우생마사 ^{牛生馬死}

순리를 따르는 투자의 지혜

소는 살고 말은 죽는다
―결과가 말해 주지 않는 것들

'우생마사'는 같은 전장에 나갔지만 소는 살아 돌아오고 말은 죽었다는 뜻이다. 일반적인 상식으로는 이해하기 어려운 결과다. 빠르고 날렵한 말이 살아남아야 할 것 같지만, 현실은 그렇지 않았다. 이 사자성어는 결과만 보고 판단하는 오류를 경고한다.

투자에서도 비슷한 장면은 반복된다. 무리한 레버리지로 큰돈을 벌고 퇴장하는 사람, 반대로 조심스럽게 접근하다가 손실을 보고도 끝까지 남아 있는 사람이 있다. 단기 성과만 보면 누가 옳았는지는 명확해 보인다. 그러나 시간이 지나면 이야기는 달라진다. 투자에서 중요한 것은 한 번의 승패가 아니라, 계속 시장에 남아 있을 수 있느냐다.

동양의 지혜는 이를 순리로 설명한다. 빠르고 화려한 선택은 눈길을 끌지만, 반드시 오래가는 것은 아니다. 우생마사는 능력의 문제가 아니라, 환경에 맞는 태도의 문제다.

운과 실력의 경계
—살아남는 전략의 조건

투자 성과에는 언제나 운이 개입한다. 이를 부정하는 순간, 판단은 오만해진다. 문제는 운과 실력을 구분하지 못할 때 발생한다. 한두 번의 성공을 실력으로 착각하면, 위험은 확대된다. 우생마사의 교훈은 바로 여기에 있다.

행동경제학은 이를 결과 편향이라고 설명한다. 좋은 결과가 나왔다는 이유로 선택 과정이 옳았다고 믿는 오류다. 그러나 우연히 살아남은 말이 다음 전투에서 반드시 살아남는다는 보장은 없다. 반면, 느리지만 안정적인 선택은 눈에 띄지 않아도 생존 확률을 높인다.

동양 사상은 도(道)를 따른다는 표현을 쓴다. 도는 무리하지 않는 흐름이다. 투자에서 도를 따른다는 것은 확률적으로 불리한 선택을 반복하지 않는다는 뜻이다. 큰돈을 벌지 못하더라도, 큰돈을 잃지 않는 구조를 만드는 것이 우생마사의 전략이다.

순리를 따르는 투자
—속도보다 방향

우생마사의 핵심은 속도보다 방향이다. 시장에는 언제나 빠른 길이 있다. 그러나 빠른 길은 대부분 위험을 동반한다. 느리더라도 안정적인 길을 선택하는 것은 비겁함이 아니라, 생존을 위한 선택이다.

동양의 지혜는 자연의 흐름을 거스르지 말라고 말한다. 계절에 맞게 씨를 뿌리고, 때를 기다리는 농부처럼 투자도 시간과 환경을 존중해야 한다. 조급함은 판단을 흐리고, 무리는 구조를 무너뜨린다.

구체적으로 순리를 따르는 투자는 다음과 같은 특징을 가진다. 첫째, 레버리지를 제한한다. 둘째, 한 번의 결과에 인생을 걸지 않는다. 셋째, 손실 가능성을 항상 전제로 한다. 이 원칙들은 화려하지 않다. 그러나 우생마사의 길은 늘 조용하다. 시장의 스포트라이트는 말에게 비추지만, 끝까지 밭을 가는 것은 소다.

4부의 흐름에서 우생마사는 중요한 균형점이다. 각주구검이 과거에 머무르는 위험을 경고했다면, 우생마사는 지금의 태도가 미래의 생존을 결정한다는 사실을 일깨운다. 투자란 뛰어난 기교의 경쟁이 아니라, 오래 버티는 인내의 싸움이다.

우생마사의 경제학은 이렇게 말한다. 이긴 사람이 항상 옳은 것은 아니다. 살아남은 사람이 결국 다음 기회를 얻는다.

당랑거철 螳螂拒轍

시장의 거대한 흐름에 맞서지 마라

사마귀의 용기
─과신이 시작되는 지점

'당랑거철'은 사마귀가 수레바퀴를 막으려 들었다는 뜻이다. 겉으로 보면 용감함의 상징처럼 보이지만, 본래 의미는 자기 분수를 모르는 무모함에 대한 경고다. 투자에서 이 장면은 자주 반복된다. 개인의 확신이 시장의 흐름보다 크다고 믿는 순간, 위험은 시작된다.

투자자는 분석을 통해 자신감을 얻는다. 문제는 그 자신감이 확신으로 변할 때다. '이건 반드시 오른다', '시장은 틀렸고 내가 맞다'는 생각은 달콤하다. 특히 소수 의견을 가질수록, 그 확신은 더 강해진다. 군중을 거슬러 선다는 느낌은 지적 우월감까지 준다.

동양의 지혜는 용기와 무모함을 구분한다. 진짜 용기는 흐름을 읽고 타이밍을 기다리는 것이고, 무모함은 흐름을 무시한 채 맞서는 것이다. 당랑거철의 위험은 분석의 부족이 아니라, 자기 확신의 과잉에 있다.

시장이라는 수레바퀴
―개인이 이길 수 없는 힘

　시장은 단순한 가격의 집합이 아니다. 수많은 참여자의 판단, 자금의 이동, 정책과 기술, 심리와 제도의 결과가 중첩된 거대한 구조다. 이 구조는 개인의 의지로 멈추지 않는다. 그럼에도 많은 투자자는 자신이 그 흐름을 바꿀 수 있다고 믿는다.

　특히 하락 추세에서 이런 심리는 강해진다. '이 정도면 충분히 싸다', '이제 바닥이다' 하는 판단은 종종 시장보다 앞선다. 그러나 시장은 개인의 논리를 기다려 주지 않는다. 추세는 예상보다 오래, 더 멀리 지속된다. 당랑거철은 바로 이 시간의 오차에서 발생한다.

　동양 사상은 이를 대세(大勢)라 부른다. 대세는 옳고 그름의 문제가 아니라, 힘의 문제다. 투자에서 대세를 거스르는 것은 정의로운 행동이 아니라, 위험한 선택일 가능성이 크다. 흐름을 인정하는 것은 패배가 아니라, 생존 전략이다.

맞서지 말고 올라타라
―흐름을 활용하는 지혜

　당랑거철의 교훈은 단순하다. 수레바퀴를 막으려 하지 말고, 수레의 방향을 읽으라는 것이다. 투자에서 이는 추세를 맹목적으로 추종하라는 뜻이 아니다. 추세를 이해하고, 그 안에서 리스크를 관리하라는 의미다.

동양의 지혜는 물에 비유한다. 물은 바위를 이기지 않으려 한다. 돌아가고, 스며들고, 결국 길을 낸다. 투자에서도 마찬가지다. 거대한 흐름 앞에서는 겸손해야 하고, 작은 기회 앞에서는 신중해야 한다. 흐름을 거스르지 않되, 맹신하지 않는 태도가 필요하다.

구체적으로는 세 가지 원칙이 도움이 된다. 첫째, 자신의 판단이 틀릴 수 있음을 전제로 한다.

둘째, 추세와 반대되는 포지션에는 항상 더 작은 비중을 둔다. 셋째, 시장이 내 논리를 부정할 때, 논리를 고집하지 않는다. 이 원칙은 수익을 극대화하지는 않지만, 치명적인 실패를 막아준다.

4부의 흐름에서 당랑거철은 우생마사의 연장선에 있다. 살아남는 투자자는 빠르지도, 화려하지도 않다. 다만 자신이 막을 수 없는 것을 정확히 구분한다. 이는 비겁함이 아니라, 지혜의 조건이다.

당랑거철의 경제학은 이렇게 말한다. 시장은 설득의 대상이 아니라, 이해의 대상이다. 거대한 흐름 앞에서 살아남는 방법은, 맞서는 것이 아니라 순응하며 활용하는 것이다.

호시탐탐 虎視眈眈

가치 투자자의 기다림과 매수 타이밍

호랑이의 눈
—움직이지 않는 시간의 의미

'호시탐탐'은 호랑이가 먹잇감을 노리며 눈을 부릅뜨고 기회를 엿본다는 뜻이다. 겉으로 보면 대단히 공격적이고 팽팽한 긴장감이 감도는 표현처럼 느껴지지만, 그 본질은 움직이지 않는 시간 속에 응축된 집중력에 있다. 영리한 호랑이는 배가 고프다고 해서 무작정 달려들지 않는다. 바람의 방향, 먹잇감과의 거리, 상대의 방심을 모두 치밀하게 계산한 뒤에야 비로소 움직인다.

투자에서도 가장 실천하기 어려운 덕목은 즉각적인 행동이 아니라 인내하는 기다림이다. 시장은 늘 투자자에게 무언가를 끊임없이 하라고 유혹한다. 뉴스는 매일 새로운 기회를 약속하듯 쏟아지고, 가격은 쉴 없이 변하며 신호를 보낸다. 그러나 진정한 기회는 대부분 시장의 소음이 잦아든 뒤에야 비로소 명확히 나타난다. 호시탐탐은 이러한 조급함을 스스로 억누르는 절제된 태도다.

동양의 지혜는 '때를 기다리는 힘'을 인간의 격을 결정하는 요소로 높이 평가한다. 성급함은 실력을 앞지르려 하지만, 깊은 인내는 성공의 확률을 비약적으로 높인다. 투자에서 기다림은 아무것도 하지 않는 무위의 시간이 아니라, 올바른 판단을 내리기 위해 에너지를 축적하는 능동적인 과정이다.

타이밍의 착각
—언제가 아니라 왜의 문제

많은 투자자가 타이밍을 가격의 문제로 이해한다. "언제 사야 하는가?", "바닥은 언제인가?"라는 질문이 반복된다. 그러나 가치 투자의 관점에서 타이밍은 이유의 문제다. 왜 지금 이 자산을 사야 하는지에 대한 답이 분명할 때, 타이밍은 자연스럽게 따라온다.

호시탐탐의 태도는 바닥을 맞히려는 시도가 아니다. 시장이 과도하게 비관적일 때, 가치와 가격의 괴리가 충분히 벌어졌을 때를 기다리는 것이다. 이는 예측이 아니라 관찰의 결과다. 가격이 아니라 구조와 흐름을 본다.

동양 사상은 이를 '관시(觀時)'라 부른다. 시간을 본다는 뜻이다. 시간은 숫자가 아니라, 상황의 성숙도를 의미한다. 아직 익지 않은 과실을 따면 쓰고, 지나치게 익으면 썩는다. 투자에서 타이밍의 본질은 성숙의 순간을 알아보는 감각이다.

기다림의 보상
—인내가 만드는 비대칭 수익

호시탐탐의 보상은 비대칭성에 있다. 기다리는 동안에는 기회비용이 발생한다. 아무 일도 일어나지 않는 시간은 불안하다. 그러나 제대로 기다린 뒤의 한 번의 행동은, 수많은 성급한 거래보다 큰 결과를 낳는다. 이는 투자에서 가장 효율적인 구조다.

동양의 지혜는 소수의 결단이 다수의 움직임을 이긴다고 말한다. 호랑이는 하루 종일 움직이지 않아도, 한 번의 사냥으로 에너지를 채운다. 가치 투자자의 매수도 마찬가지다. 빈번한 거래보다, 확신 있는 소수의 선택이 성과를 만든다.

기다림에는 규율이 필요하다. 아무 이유 없이 기다리는 것은 게으름이고, 기준을 세운 기다림은 전략이다. 어떤 조건에서 살 것인지, 어떤 조건에서 포기할 것인지를 명확히 해야 한다. 그렇지 않으면 호시탐탐은 망설임으로 변한다.

4부의 마지막 장에서 호시탐탐은 중요한 완결점이다. 일확천금의 유혹에서 출발해, 군계일학의 고독, 부화뇌동의 압력, 조변석개의 흔들림, 권토중래의 회복, 지피지기의 성찰, 각주구검의 경계, 우생마사의 순리, 당랑거철의 겸손을 거쳐, 결국 기다림의 지혜에 도달한다.

호시탐탐의 경제학은 이렇게 말한다. 기회는 자주 오지 않는다. 그러나 준비된 사람 앞에서는, 반드시 모습을 드러낸다.

기업의 경영과 생존 전략

[경영 경제]

살아남는 기업은 무엇이 다른가

기업은 시장 속에서 경쟁하지만, 동시에 조직이라는 인간 집단이다. 5부는 혁신과 전통, 구조조정, 조직 갈등, 플랫폼 경제의 명암을 사자성어로 조망한다. 온고지신과 청출어람은 혁신의 조건을, 읍참마속과 사분오열은 경영의 냉혹한 결단과 그 비용을 보여 준다.

5부는 기업의 성패가 전략 하나가 아니라 의사결정 문화와 책임 구조에서 갈린다는 사실을 강조한다. 기업 경영은 숫자 이전에 사람의 문제다.

온고지신 溫故知新

혁신과 전통의 조화로운 경영

옛것을 익힌다는 것
─전통은 기억이 아니라 자산이다

온고지신은 옛것을 따뜻하게 되새겨 그 토대 위에서 새것을 안다는 뜻이다. 이 말은 보수와 혁신을 대립적인 관계로 보지 않는다. 오히려 그 둘을 하나의 유기적인 연속선으로 묶어 낸다. 경영의 관점에서 온고지신은 과거의 성공을 박제하라는 뜻이 아니라, 그동안 축적된 소중한 경험을 지금 당장 살아 있는 자산으로 활용하라는 요구다.

오래된 기업일수록 필연적으로 많은 기억을 가지게 된다. 제품의 탄생 과정, 뼈아픈 실패의 이유, 냉정했던 고객의 변심, 그리고 시장의 거대한 변곡점들. 그러나 단순히 기억이 많다고 해서 그것이 저절로 지혜가 되는 것은 아니다. 그 기억들이 명확한 규칙과 원리로 정리될 때, 비로소 조직 내에서 재사용 가능한 전략적 자산이 된다. 전통은 무조건적인 보관이 아니라 끊임없는 재해석의 대상이어야 한다.

동양의 지혜는 배움에 임하는 '온도'를 강조한다. 차갑게 암기한 과거는 현재의 치열한 전장에서 아무런 쓸모가 없지만, 따뜻하게 되새긴 과거만이 오늘의 올바른 판단을 돕는다. 기업이 과거를 제대로 온고(溫故)하지 못한다면, 그들이 말하는 혁신은 우연에 기댄 요행이 되고 조직의 지속성은 사라지고 만다.

새것을 안다는 것
—혁신은 단절이 아니라 연결이다

혁신은 종종 과거와의 과감한 결별로 오해되곤 한다. "낡은 것은 모두 버리고 완전히 새로 시작하라."라는 구호는 언제나 매력적으로 들린다. 그러나 실제로 강한 생명력을 지닌 기업의 혁신은 단절보다는 깊은 연결에 가깝다. 사용하는 기술은 바뀌어도 고객이 가진 본질적 요구는 크게 변하지 않는다. 유통 방식은 달라져도 신뢰를 쌓는 기준은 여전히 유지되는 법이다.

온고지신의 관점에서 볼 때 혁신은 과거의 문제를 현재의 새로운 수단으로 해결해나가는 일련의 과정이다. 과거의 실패 원인을 정확히 이해하지 못한 채 진행되는 혁신은, 결국 똑같은 실패를 더 비싼 비용을 치르며 반복하게 할 뿐이다. 반대로 과거의 뼈저린 교훈을 품은 혁신은 나아가야 할 방향이 명확하다.

동양 사상은 이를 근본(根本)과 말단(末端)의 조화로 설명한다. 근본이 흔들리면 말단의 화려함은 결코 오래가지 못한다. 기업 경영에서 변하지 않는 근본은 가치, 고객, 품질, 그리고 신뢰다. 이 단단한 근본 위에 새로운 기술과 조직, 전략이 올라갈 때 혁신은 비로소 지속될 수 있다.

학습하는 조직
―온고지신을 시스템으로 만들다

온고지신은 개인의 태도만으로 완성되지 않는다. 조직의 시스템이 이를 뒷받침해야 한다. 경험이 개인의 머릿속에만 머무르면, 퇴사와 함께 사라진다. 실패가 공유되지 않으면, 같은 실수는 반복된다. 학습하는 조직만이 온고지신을 실천한다.

이를 위해 필요한 것은 세 가지다. 첫째, 실패를 기록하고 해석하는 문화. 둘째, 과거의 의사결정을 복기하는 절차. 셋째, 새로운 시도를 과거의 원칙과 연결하는 언어다.

동양의 지혜는 서사(敍事)를 중시한다. 이야기가 남아야 지혜가 전해진다. 기업도 마찬가지다. 숫자만 남기지 말고, 판단의 이유를 남겨야 한다. 그럴 때 조직은 경험을 축적하고, 세대가 바뀌어도 방향을 잃지 않는다.

5부의 첫 장에서 온고지신은 출발점이다. 경영의 생존 전략은 유행을 좇는 기술이 아니라, 학습을 지속하는 능력에 있기 때문이다. 빠른 변화의 시대일수록, 되새김의 깊이가 경쟁력이 된다.

온고지신의 경영학은 이렇게 말한다. 과거를 잊은 혁신은 오래가지 못하고, 과거에 머문 전통은 내일을 잃는다. 살아남는 기업은 늘 되새기며 새로워진다.

청출어람 青出於藍

후발 주자의 추격과 시장 역전

쪽에서 나온 푸른빛
—후발 주자의 출발 조건

'청출어람'은 쪽풀에서 뽑아낸 푸른 물감이 원래의 쪽빛보다 훨씬 더 푸르다는 뜻을 담고 있다. 이는 배움의 과정이 밀도 있게 축적되면, 설령 출발이 늦더라도 결국 선발 주자를 넘어설 수 있다는 희망적인 메시지다. 경영의 세계에서 이 사자성어는 후발 주자가 품을 수 있는 무한한 가능성을 상징한다. 이미 시장을 견고하게 장악한 선두 기업 앞에서 뒤늦게 출발한 기업이 가질 수 있는 유일하고도 강력한 무기는 바로 '배움의 밀도'와 그 깊이다.

표면적으로 후발 주자는 늘 불리해 보인다. 브랜드의 인지도는 낮고, 규모의 경제를 실현할 체력도 약하기 마련이다. 그러나 동시에 그들은 선발 주자가 가지지 못한 강력한 이점을 갖는다. 바로 앞서 나간 이들의 수많은 성공과 실패를 객관적으로 관찰할 수 있다는 점이다. 무엇이 시장에서 유효했고, 어느 지점에서 성장이 막혔는지는 이미 데이터와 기록으로 남아 있다. 청출어람의 진정한 출발선은 바로 이 관찰의 지점에서 그어진다.

동양의 지혜는 배움을 모방으로 시작하되, 결코 거기서 멈추지 말라고 조언한다. 선두 주자를 그대로 따라 하기만 해서는 영원히 그 뒤를 쫓는 추격자에 머물 뿐이다. 후발 주자의 진정한 전략은 단순한 추격이 아니라, 철저한 학습을 통한 자신만의 재구성이어야 한다.

추격의 기술
─모방에서 차별로

후발 주자가 겪는 첫 번째 단계는 필연적으로 모방이다. 이는 부끄러운 일이 아니며, 오히려 매우 합리적인 선택이다. 시장에서 이미 검증된 비즈니스 방식을 참고하지 않는 것은 무모한 자만일 뿐이다. 그러나 핵심적인 문제는 모방의 기간이다. 모방의 상태가 오래 지속될수록, 시장의 판도를 바꿀 차별화의 타이밍은 점점 더 늦어지게 된다.

청출어람이 성립하려면 모방의 단계를 빠르게 끝내고, 그 위에 자기만의 고유한 해석을 더해야 한다. 선발 기업이 미처 챙기지 못한 세밀한 고객 경험, 비효율적으로 운영되는 기존의 프로세스, 그리고 대기업이 간과한 틈새 니즈를 집요하게 파고들어야 한다. 기술적인 우위보다 더 중요한 것은 문제를 정의하는 관점의 근본적인 전환이다.

동양 사상은 이를 '법고창신(法古創新)'과 맞닿아 있는 개념으로 본다. 옛것을 법으로 삼되, 거기서 멈추지 않고 새로운 것을 창조하라는 뜻이다. 후발 주자는 과거의 사례를 압축해서 배우고, 이를 바탕으로 미래의 기회를 선점해야 한다. 추격은 단순히 속도의 문제가 아니라, 세상을 바라보는 관점의 문제다.

역전의 순간
─구조를 바꾸는 한 수

시장의 역전은 점진적으로 오지 않는다. 대부분 구조가 바뀌는 순간에 발생한다. 기술 전환, 규제 변화, 소비자 인식의 이동 같은 변곡점에서 후발 주자는 기회를 얻는다. 선발 주자는 기존 성공 모델에 묶여 움직임이 느리고, 후발 주자는 가볍게 방향을 튼다.

청출어람의 완성은 여기서 드러난다. 스승의 공식을 버릴 용기, 익숙한 방식을 내려놓는 결단이 필요하다. 이는 단순한 혁신이 아니라, 자기 정체성의 재정의다. 후발 주자는 '더 잘하는 회사'가 아니라, '다르게 문제를 푸는 회사'가 되어야 한다. 동양의 지혜는 넘어서되, 부정하지 말라고 가르친다. 스승을 존중하기에 넘을 수 있고, 배움을 다했기에 떠날 수 있다. 기업도 마찬가지다. 선발 기업의 길을 부정하지 않되, 그 길 위에 머물지 않는 것이 청출어람의 정신이다.

5부의 흐름에서 청출어람은 희망의 장이다. 시장은 고착된 것처럼 보이지만, 배움의 질이 달라지는 순간 판은 바뀐다. 후발 주자의 무기는 자본이 아니라, 학습의 속도와 깊이다.

청출어람의 경영학은 이렇게 말한다. 늦게 시작한 것이 패배의 이유는 아니다. 배움을 멈춘 것이 패배의 이유다.

동병상련 同病相憐

전략적 제휴와 M&A

같은 병을 앓는다는 것
―고립의 비용과 공감의 가치

'동병상련'은 같은 병을 앓는 처지의 사람들이 서로를 불쌍히 여기며 돕는다는 뜻이다. 이 말은 연약함을 전제로 하지만, 동시에 연대의 가능성을 품고 있다. 경영의 세계에서 동병상련은 감정의 문제가 아니라 구조의 문제다. 경쟁이 심화되고 불확실성이 커질수록, 기업은 혼자서 감당해야 할 위험의 크기를 실감한다.

시장은 오랫동안 '각자도생'의 논리로 움직여 왔다. 경쟁은 혁신을 촉진했고, 효율은 규모를 키웠다. 그러나 기술의 복잡성이 높아지고, 공급망이 촘촘해지며, 규제가 다층화된 오늘날의 환경에서 고립은 더 이상 미덕이 아니다. 고립은 느림과 취약함으로 이어지고, 이는 곧 기회비용의 증가로 나타난다.

동양의 지혜는 고통의 공유가 힘의 결집으로 이어질 수 있음을 말한다. 같은 병을 앓는다는 인식은 상대를 적이 아닌 동료 행위자로 바라보게 한다. 기업도 마찬가지다. 같은 시장에서 비슷한 제약을 겪는 기업들은 공감의 언어를 통해 연합의 실마리를 찾는다. 동병상련의 출발점은 약함의 인정이 아니라, 위험의 정확한 인식이다.

손을 잡는 기술
—전략적 제휴의 경제학

전략적 제휴는 감정적 연대가 아니다. 이는 명확한 목적과 역할 분담 위에서 성립하는 계약적 협력이다. 기술 개발, 시장 진입, 비용 절감, 표준 설정 등 제휴의 이유는 다양하지만, 공통점은 혼자보다 함께할 때 한계비용이 낮아진다는 점이다.

동병상련의 관점에서 제휴는 '약자의 연합'이 아니라 '전문성의 결합'이다. 각자의 강점을 모아 불확실성을 분산하고, 학습 속도를 높인다. 이때 중요한 것은 경계의 설정이다. 무엇을 공유하고, 무엇을 지킬 것인지 명확해야 한다. 제휴는 신뢰 위에 서지만, 구조 위에서 작동한다.

동양 사상은 이를 상보성의 원리로 설명한다. 서로 다른 기질이 만나 균형을 이룬다는 생각이다. 경영에서도 마찬가지다. 기술 기업과 유통 기업, 플랫폼과 콘텐츠 제작자, 대기업과 스타트업의 제휴는 각자의 결핍을 메운다. 동병상련은 동질성만을 요구하지 않는다. 오히려 다름의 조합이 시너지를 만든다.

합쳐지는 결단
―M&A의 명암과 통합의 과제

전략적 제휴가 느슨한 연합이라면, 인수합병(M&A)은 운명을 함께하는 결단이다. 이는 비용과 위험이 크지만, 성공할 경우 구조적 도약을 가능하게 한다. 동병상련의 맥락에서 M&A는 생존을 위한 선택이자, 성장의 지름길이 될 수 있다.

그러나 실패 사례도 적지 않다. 이유는 명확하다. 숫자와 전략에만 집중하고, 문화와 사람을 간과했기 때문이다. 동양의 지혜는 통합의 어려움을 경고한다. 몸이 하나가 되려면 마음이 먼저 정렬되어야 한다. 조직 문화, 의사결정 방식, 보상 체계가 충돌하면, 합병의 시너지는 비용으로 전환된다.

성공적인 M&A의 핵심은 통합 이후에 있다. 무엇을 유지하고, 무엇을 바꿀 것인지에 대한 명확한 원칙이 필요하다. 동병상련의 정신은 여기서 다시 작동한다. 서로의 상처와 한계를 이해할 때, 통합은 흡수가 아니라 재구성이 된다.

5부의 흐름에서 동병상련은 경쟁의 반대말이 아니다. 이는 경쟁을 지속 가능하게 만드는 보완의 전략이다. 혼자서는 넘기 어려운 파고를 함께 넘는 것, 그것이 제휴와 M&A의 본질이다.

동병상련의 경영학은 이렇게 말한다. 강한 기업은 혼자서도 버틴다. 지속되는 기업은 함께 설계한다.

읍참마속 泣斬馬謖

구조조정과 뼈를 깎는 경영 쇄신

눈물을 삼킨 결단
―구조조정의 본질

'읍참마속'은 눈물을 머금고 아끼는 사람을 베었다는 뜻이다. 정에 이끌리지 않고 원칙에 따라 결단을 내렸다는 의미다. 경영의 세계에서 이 사자성어는 냉혹함의 상징으로 오해되기 쉽다. 그러나 구조조정의 본질은 냉정함이 아니라 책임이다. 더 큰 공동체를 살리기 위한 선택, 그리고 그 선택의 무게를 회피하지 않는 태도다.

구조조정은 실패의 증거가 아니다. 환경 변화에 대응하는 전략적 조정일 수 있다. 기술의 전환, 수요의 이동, 경쟁 구도의 변화 속에서 조직의 크기와 형태는 달라져야 한다. 문제는 '해야 하느냐'가 아니라 '어떻게 하느냐'다. 원칙 없는 구조조정은 조직의 신뢰를 무너뜨리고, 미루는 구조조정은 비용을 키운다.

동양의 지혜는 결단의 순간에 감정을 부정하지 않는다. 오히려 눈물을 인정한다. 아픔을 느끼되, 방향을 틀지 않는 것. 그것이 읍참마속의 핵심이다. 경영자는 인간적 고통을 외면하지 않되, 조직의 생존을 우선하는 윤리를 가져야 한다.

원칙의 칼
―선택과 집중의 기술

구조조정에서 가장 어려운 일은 무엇을 줄일지 정하는 것이다. 비용 항목을 자르는 것은 숫자의 문제처럼 보이지만, 실제로는 전략의 문제다. 어떤 사업이 미래의 핵심인지, 어떤 역량이 경쟁 우위를 만드는지에 대한 판단이 선행되어야 한다.

읍참마속의 관점에서 구조조정은 무작위적 감축이 아니라 선택과 집중이다. 핵심을 남기기 위해 비핵심을 정리한다. 이는 조직의 정체성을 선명하게 만드는 과정이기도 하다. 남겨진 구성원에게 '우리는 무엇에 집중하는 회사인가' 하는 메시지를 분명히 전달해야 한다.

동양 사상은 이를 '의(義)의 우선성'으로 설명한다. 사사로운 정을 넘어서 공적인 기준을 세운다. 경영에서도 마찬가지다. 개인의 공헌과 과거의 성과를 존중하되, 미래 전략과의 적합성을 기준으로 판단해야 한다. 원칙이 분명할수록, 고통은 줄지 않아도 혼란은 줄어든다.

신뢰의 복원
—남은 조직을 위한 리더십

구조조정의 진짜 시험은 그 이후에 온다. 떠난 사람보다, 남은 사람이 더 큰 불안을 느낀다. 왜 이런 결정이 내려졌는지, 다음은 누구인지, 회사의 방향은 무엇인지에 대한 질문이 쏟아진다. 이때 침묵은 최악의 선택이다.

읍참마속의 리더십은 설명 책임을 포함한다. 왜 베었는지, 무엇을 지키기 위함이었는지, 앞으로 무엇을 할 것인지 명확히 말해야 한다. 투명한 소통은 고통을 없애지는 못하지만, 불신을 막는다. 신뢰는 감정이 아니라 정보 위에서 회복된다.

동양의 지혜는 통치자의 덕목으로 '신(信)'을 강조한다. 말과 행동이 일치할 때 조직은 다시 움직인다. 구조조정 이후의 리더십은 약속을 지키는 데서 완성된다. 남긴다고 한 핵심에 투자하고, 집중한다고 한 방향으로 실제 자원을 배분해야 한다.

5부의 흐름에서 읍참마속은 가장 무거운 장이다. 그러나 피할 수 없는 장이기도 하다. 경영의 생존 전략은 성장의 기술만으로 완성되지 않는다. 줄이는 용기가 있어야 다시 늘릴 수 있다.

읍참마속의 경영학은 이렇게 말한다. 결단은 냉혹함이 아니라 책임이다. 눈물을 흘릴 줄 아는 리더만이 조직을 다음 단계로 이끈다.

사분오열 四分五裂

조직 내 갈등과 비효율의 비용

갈라지는 조직
—사분오열의 징후와 원인

'사분오열'은 사방으로 찢어져 흩어진다는 뜻이다. 경영의 언어로 바꾸면, 조직이 하나의 목적을 공유하지 못한 채 각자 다른 방향으로 움직이는 상태를 말한다. 겉으로는 정상처럼 보이지만, 내부에서는 신호가 어긋나고 속도가 맞지 않는다. 전략은 하나인데 실행은 여러 갈래로 분산되고, 의사결정은 늦어지며 책임은 흐려진다.

조직이 사분오열로 향하는 첫 번째 징후는 목표의 다층화다. 회사의 비전은 존재하지만, 부서별 목표와 개인 평가 지표가 이를 뒷받침하지 못한다. 매출을 늘리라는 전략 아래에서 어떤 부서는 비용 절감을, 다른 부서는 시장 확대를 우선한다. 각각은 합리적이지만, 합쳐지면 충돌이 된다.

두 번째 원인은 정보의 비대칭이다. 부서마다 보고 체계와 언어가 다르면, 같은 사실도 다르게 해석된다. 이는 오해를 낳고, 오해는 불신을 키운다. 동양의 지혜는 '말이 통하지 않으면 마음이 멀어진다'고 본다.

조직도 마찬가지다. 공통의 언어를 잃는 순간, 사분오열은 시작된다.

보이지 않는 비용
—갈등이 잠식하는 경쟁력

사분오열의 가장 큰 문제는 눈에 띄지 않는다는 점이다. 공장은 돌아가고, 매출은 발생한다. 그러나 보이지 않는 비용이 쌓인다. 중복 업무, 과도한 보고, 조정 회의의 증가, 책임 회피를 위한 문서화. 이 모든 것들은 시간과 신뢰를 소모하게 만든다. 경제학적으로 이는 조정 비용과 거래 비용의 폭증이다.

한 조직 안에서 벌어지는 내부 거래가 비효율화되면, 외부 경쟁에서 불리해진다. 갈등은 에너지를 생산에 쓰지 못하게 하고, 방어와 설득에 쓰게 만든다. 결국 경쟁력은 숫자보다 결속의 질에서 갈린다.

동양 사상은 조화의 가치를 강조한다. 조화는 갈등이 없다는 뜻이 아니라, 갈등을 공통의 기준으로 정렬한다는 뜻이다. 기준이 없을 때 갈등은 분열이 되고, 기준이 있을 때 갈등은 토론이 된다. 사분오열의 비용을 줄이는 첫걸음은 기준을 세우는 일이다.

다시 하나로
—통합의 리더십과 설계

사분오열을 막는 해법은 통제 강화가 아니다. 규칙을 늘리고 보고를 강화할수록 조직은 더 경직된다. 필요한 것은 통합의 설계다. 무엇을 위해 존재하는 조직인지, 성공의 정의는 무엇인지, 판단의 우선순위는 무엇인지를 명확히 해야 한다.

통합의 리더십은 메시지에서 시작한다. 전략은 문서가 아니라 반복되는 언어로 전달된다. 리더가 같은 기준을 다양한 상황에 일관되게 적용할 때, 조직은 방향을 맞춘다. 또한 보상 체계와 평가 지표가 전략과 일치해야 한다. 말과 숫자가 어긋나면, 조직은 숫자를 따른다.

동양의 지혜는 '합(合)'을 중시한다. 합은 억지로 묶는 것이 아니라, 서로 다른 것을 조율하는 기술이다. 조직의 통합도 마찬가지다. 차이를 없애려 하지 말고, 차이가 기여하도록 설계해야 한다. 역할은 분화하되, 목적은 단일해야 한다.

5부의 흐름에서 사분오열은 경고의 장이다. 성장은 분화를 낳고, 분화는 갈등을 부른다. 문제는 갈등 그 자체가 아니라, 갈등을 방치하는 것이다. 통합은 선택이 아니라 생존의 조건이다.

사분오열의 경영학은 이렇게 말한다. 조직을 찢는 것은 외부의 충격이 아니라 내부의 기준 부재다. 하나의 목적이 있을 때, 다양성은 힘이 된다.

염화미소 拈華微笑

브랜드 이미지와 고객 경험

말하지 않아도 전해지는 것
—브랜드의 본질

'염화미소'는 석가모니가 연꽃을 들어 보이자 제자 가섭만이 그 뜻을 깨닫고 미소 지었다는 데서 유래한다. 말이나 글에 의존하지 않고 마음으로 뜻이 통하는 경지다. 이를 경영에 대입하면 브랜드는 화려한 슬로건이 아니라 고객이 느끼는 경험의 총합이자 무언의 신뢰다. 고객은 기업의 약속을 귀로 듣기보다 그들이 보여 주는 단 하나의 행동을 보고 느낀다. 설명보다 반복된 행동이, 약속보다 일관된 이행이 결국 거대한 신뢰의 성벽을 쌓는 것이다.

많은 기업이 브랜드를 단순히 시각적 메시지나 포장지로 오해한다. 막대한 예산으로 슬로건을 만들고 이미지를 인위적으로 관리하려 든다. 그러나 고객의 기억에 남는 것은 화려한 영상이 아니라 서비스 접점의 찰나에서 경험한 진심이다. 제품 개봉 시의 배려, 예기치 못한 문제에 대한 책임감 있는 대응, 불편을 해결하는 태도 등 사소한 순간들이 쌓여 브랜드의 실체를 구축한다.

동양의 지혜는 형식보다 '기운(氣運)'의 전달을 중시한다. 기운은 억지로 꾸밀 수 없으며 축적된 본질에서 배어 나오는 향기와 같다. 브랜드의 진정한 기운은 위기의 순간에 내리는 선택과 일관된 태도에서 발현된다. 기업의 말과 행동이 일치할 때 고객은 구구절절한 설명 없이도 그 기업의 철학을 이해하고 지지를 보낸다. 염화미소의 경영학은 바로 이 지독한 일관성에서 출발한다.

경험의 설계
—고객 여정이 곧 브랜드의 생명력이다

브랜드는 마케팅 부서만의 전유물이 아니다. 제품 기획부터 물류, 사후 관리까지 비즈니스 전 과정 속에서 유기적으로 만들어지는 생명체다. 마케팅 부서가 매력적인 제안을 해도 고객이 겪는 전체 여정 중 한 곳이라도 맥락이 끊기면 브랜드 신뢰는 붕괴된다. 브랜드 관리란 개별 접점의 파편화된 완성도를 높이는 작업이 아니라 고객이 경험하는 전체 연결 고리를 조화롭게 설계하는 일이다.

경제학적으로 이는 고객이 지불하는 가치에 '심리적 확신'이라는 보이지 않는 가치를 더하는 전략이다. 브랜드에 느끼는 깊은 신뢰는 정보를 탐색하고 품질을 의심하는 데 들어가는 '거래 비용'을 획기적으로 낮춰 준다. 이는 강력한 고객 충성도로 이어지며 시장의 격심한 파고 속에서도 기업을 지탱하는 기반이 된다. 기업이 가치를 설명하며 매달리지 않아도 고객이 먼저 그 진심을 알아보고 미소 짓게 만드는 것, 그것이 현대 경영의 지향점이다.

경험의 설계는 데이터와 숫자로만 이루어지지 않는다. 숫자는 사후 결과일 뿐이며 그 이면에 소용돌이치는 인간의 심리와 기대치를 읽어내야 한다. 고객의 기대를 미리 읽고 감동의 영역으로 인도하는 과정은 흡사 바람이 불기 전 나뭇잎이 먼저 흔들리는 기미를 포착하는 것과 같다. 말보다 빠른 신호로 고객의 마음을 움직이는 기업만이 시장의 이심전심을 이끌어낼 수 있다.

진정성의 향기
—외침이 아닌 울림으로 승부하라

브랜드 경영에서 가장 경계해야 할 것은 '주객전도(主客顚倒)'다. 본질적인 제품 가치나 고객 편익은 뒷전인 채 이미지 조작이나 단기 성과 부풀리기에만 급급한 상태를 말한다. 수단이 목적을 대신하고 대리인의 이익이 주인의 가치를 앞설 때 브랜드는 생명력을 잃고 껍데기만 남는다. 진정한 염화미소는 인위적 연출이 아니라 내면의 충실함이 밖으로 배어 나올 때 완성된다.

진정성이란 소리 높여 외친다고 전달되는 것이 아니다. 묵묵히 지켜온 원칙과 시간이 빚어낸 향기다. 고객은 기업이 손해를 감수하면서까지 원칙을 지키는 모습에서 강력한 울림을 받는다. 이때 형성된 공감대는 어떤 광고비로도 살 수 없는 자산이 된다. 동양 사상의 '중용(中庸)'이 가르치듯 과하지도 모자라지도 않은 적절한 지점에서 고객과 마음의 균형을 맞추는 기업은 시장에서 흔들리지 않는다.

결국 염화미소의 경영학은 묻는다.

"당신의 브랜드는 고객의 마음속에 어떤 미소를 남기고 있는가."

기술이 발전하고 AI가 시장을 지배하는 초연결 사회에도 인간의 감성과 직관은 여전히 경제적 선택의 핵심 아키타입으로 작동한다. 진심을 담은 연꽃 한 송이를 들어 올리는 마음으로 경영에 임할 때 고객은 비로소 화답의 미소를 지을 것이다. 그 말없는 소통이야말로 시대를 관통하는 불변의 성공 공식이다.

좌고우면 左顧右眄

결정 장애가 부르는 기회 상실

좌우를 살피는 사이
—결정은 왜 늦어지는가

'좌고우면'은 왼쪽을 보고 오른쪽을 살핀다는 뜻이다. 신중함의 미덕처럼 보이지만, 경영의 현장에서는 종종 결정 회피의 변명으로 작동한다. 모든 가능성을 점검하고, 모든 리스크를 제거한 뒤에 움직이겠다는 태도는 합리적으로 들린다. 그러나 불확실성이 본질인 시장에서 완전한 정보는 존재하지 않는다. 그 결과, 좌고우면은 준비가 아니라 정지 상태를 낳는다.

결정이 늦어지는 이유는 단순하지 않다. 첫째, 책임의 분산이다. 합의가 많아질수록 결정은 안전해 보이지만, 실제로는 아무도 책임지지 않는 결론으로 귀결되기 쉽다. 둘째, 과거 성공의 그림자다. 한 번의 성공은 다음 결정을 더 어렵게 만든다. 실패의 비용보다 성공을 잃을 두려움이 커지기 때문이다. 셋째, 지표의 과잉이다. 데이터는 늘어났지만, 해석의 기준은 명확하지 않다.

동양의 지혜는 망설임을 경계한다. 때를 놓치면 옳은 판단도 효력을 잃는다. 좌고우면은 신중함이 아니라 시기를 놓치는 병이다. 결정의 질만큼 중요한 것은 결정의 타이밍이다.

기회비용의 함정
―하지 않은 선택의 대가

의사결정의 비용은 선택한 것에서만 발생하지 않는다. 선택하지 않은 것에서도 비용은 생긴다. 이것이 경제학이 말하는 기회비용이다. 좌고우면의 가장 큰 함정은, 눈에 보이는 손실만 계산하고 보이지 않는 손실을 무시한다는 점이다.

시장에서는 타이밍이 곧 경쟁력이다. 기술 전환, 가격 조정, 시장 진입의 순간은 창처럼 열렸다가 닫힌다. 좌고우면으로 시간을 보내는 동안 경쟁자는 실험하고, 학습하고, 다음 단계로 이동한다. 결정하지 않음으로써 얻는 안정감은 잠시뿐이고, 격차는 조용히 벌어진다.

동양 사상은 이를 '시의(時宜)'로 설명한다. 옳음은 절대적이지만, 적합함은 시간에 묶여 있다. 지금 옳지 않으면, 나중에 더 옳아질 수 없다. 좌고우면은 판단의 정확성을 높이는 듯 보이지만, 실제로는 기회비용을 키우는 선택이다.

결단의 설계
—불완전한 정보로 움직이는 법

좌고우면을 넘어서기 위해 필요한 것은 용기가 아니라 설계다. 불확실성을 제거하려 하지 말고, 불확실성을 전제로 움직이는 체계를 만들어야 한다. 이를 위해 세 가지가 필요하다.

첫째, 결정의 기준을 사전에 정한다. 무엇을 우선하고, 무엇을 감수할 것인지 명확하면, 정보가 부족해도 판단은 가능하다. 둘째, 되돌릴 수 있는 결정과 되돌릴 수 없는 결정을 구분한다. 모든 결정이 인생을 건 선택은 아니다. 작은 실험으로 큰 결정을 대신할 수 있다. 셋째, 실패를 학습으로 전환하는 구조다. 실패를 처벌하면 결정은 더 느려진다.

동양의 지혜는 결단을 무모함과 구분한다. 성급함은 방향 없이 달리지만, 결단은 기준을 갖고 움직인다. 좌고우면을 벗어나는 리더십은 모든 답을 가진 리더십이 아니라, 움직이며 답을 만들어가는 리더십이다.

5부의 흐름에서 좌고우면은 중요한 전환점이다. 전략과 구조, 통합과 브랜드가 갖춰져도, 결정이 늦으면 아무것도 실행되지 않는다. 생존의 기술은 완벽함이 아니라 적시성에 있다.

좌고우면의 경영학은 이렇게 말한다. 모든 결정을 옳게 할 수는 없다. 그러나 결정하지 않으면, 가장 비싼 대가를 치른다.

토사구팽 兎死狗烹

플랫폼 경제와 공급자 소외 문제

토끼가 사라진 뒤
─성공 이후에 시작되는 균열

토사구팽은 사냥이 끝나 토끼가 사라지면, 사냥개도 쓸모없어져 삶아 먹힌다는 뜻이다. 이 말은 권력과 이해관계가 작동하는 방식의 잔혹한 진실을 드러낸다. 경영의 세계에서 토사구팽은 낯선 이야기가 아니다. 특히 플랫폼 경제에서 이 사자성어는 반복적으로 현실이 된다.

플랫폼은 협력으로 성장한다. 초기에는 공급자의 참여가 절대적이다. 콘텐츠 제작자, 판매자, 기사, 개발자. 이들이 없으면 플랫폼은 텅 빈 껍데기에 불과하다. 플랫폼 기업은 이들에게 낮은 수수료, 유연한 조건, 성장의 약속을 내건다. 그러나 규모가 커지고 시장 지배력이 형성되면, 관계의 성격은 바뀐다.

토끼가 잡힌 뒤, 즉 네트워크 효과가 완성된 이후 플랫폼은 조건을 재설정한다. 수수료는 올라가고, 규칙은 일방적으로 바뀌며, 알고리즘은 투명성을 잃는다. 협력자는 파트너에서 비용 항목으로 전환된다. 토사구팽의 서사는 이 지점에서 시작된다.

동양의 지혜는 성공 이후의 태도를 더 엄격하게 묻는다. 위기는 실패에서 오지 않고, 안정감에서 오기 때문이다. 플랫폼의 오만은 성장의 보상처럼 보이지만, 실제로는 균열의 씨앗이다.

신뢰의 붕괴
─단기 효율과 장기 비용

플랫폼이 공급자를 소외시키는 이유는 명확하다. 단기적으로는 수익성이 개선된다. 협상력이 약한 개별 공급자에게 비용을 전가하면, 재무 지표는 즉각 좋아진다. 문제는 이 선택이 장기 비용을 과소평가한다는 데 있다.

공급자의 신뢰가 무너지면, 생태계의 질이 떨어진다. 우수한 공급자는 이탈하거나 다른 플랫폼을 모색하고, 남은 공급자는 방어적 행동을 택한다. 품질은 하락하고, 고객 경험도 함께 나빠진다. 플랫폼은 통제력을 강화하려 하지만, 이는 다시 갈등을 키운다. 악순환이다.

경제학적으로 보면 이는 홀드업 문제와 연결된다. 특정 플랫폼에 종속된 투자 이후, 조건이 바뀌면 공급자는 협상력을 잃는다. 토사구팽은 구조적 문제이지, 개별 기업의 도덕성 문제만은 아니다. 그러나 구조가 문제라 해도, 선택의 책임은 기업에 있다.

동양 사상은 이를 신의(信義)의 문제로 본다. 약속을 지키는 것은 도덕이 아니라, 질서의 기반이다. 신뢰가 무너지면 거래는 계약으로만 유지되고, 계약은 비용을 낳는다. 플랫폼의 단기 효율은 결국 장기 불안정성으로 되돌아온다.

공존의 설계
—지속 가능한 플랫폼의 조건

토사구팽을 피하는 길은 감정적 배려가 아니라 구조적 설계에 있다. 지속 가능한 플랫폼은 협력자의 가치를 비용이 아니라 자산으로 본다. 이를 위해 세 가지 조건이 필요하다.

첫째, 규칙의 예측 가능성이다. 수수료와 알고리즘의 변화는 명확한 원칙과 사전 고지를 동반해야 한다. 둘째, 협상 채널의 제도화다. 공급자가 목소리를 낼 수 있는 구조가 없으면, 불만은 이탈로 표출된다. 셋째, 성장의 공유다. 플랫폼의 성과가 일정 부분 공급자에게 환원될 때, 생태계는 확장된다.

동양의 지혜는 이를 상생(相生)의 원리로 설명한다. 함께 살아야 오래 간다. 단기적 우위를 극대화하는 전략은 빠른 성장에는 유리할 수 있으나, 장기적 지속성에는 치명적이다. 플랫폼의 진짜 경쟁력은 기술이나 자본이 아니라, 관계의 안정성이다.

5부의 흐름에서 토사구팽은 강력한 경고의 장이다. 경영의 생존 전략은 상대를 소모품으로 다루는 기술이 아니라, 생태계를 유지하는 설계 능력에 있다.

토사구팽의 경영학은 이렇게 말한다. 성공은 혼자 만들 수 없다. 지속은 함께 설계해야 한다. 버려진 협력자는 언젠가 경쟁자가 된다.

고립무원 孤立無援

독자 규격과 갈라파고스 신드롬

혼자의 길
—독자 규격은 왜 매력적인가

'고립무원'은 외롭게 고립되어 도와줄 이가 없다는 뜻이다. 경영의 맥락에서 이 말은 의도치 않게 만들어진 자기 고립을 가리킨다. 기업은 종종 '우리만의 방식'을 강점으로 여긴다. 기술, 인터페이스, 프로세스, 심지어 용어까지 독자 규격을 채택하면 통제력은 높아지고, 내부 효율은 단기적으로 개선된다.

독자 규격의 유혹은 분명하다. 외부 의존을 줄이고, 품질과 속도를 스스로 관리할 수 있다. 경쟁자가 쉽게 모방하기 어렵고, 고객을 로크인(lock-in)시키는 효과도 기대된다. 초기 성공 사례가 쌓이면, 독자 규격은 정체성이 된다. 그러나 문제는 이 전략이 확장 국면에 들어설 때 드러난다.

동양의 지혜는 '홀로 선 길은 빠를 수 있으나 멀리 가기 어렵다'고 말한다. 고립무원의 씨앗은 성공의 자신감 속에 숨어 있다. 혼자의 길이 옳았다는 경험이 반복될수록, 외부와의 연결은 불필요한 제약처럼 느껴진다. 이때 고립은 선택이 아니라 습관이 된다.

갈라파고스의 덫
—표준을 잃는 순간

　고립무원의 위험은 보통 표준 경쟁에서 폭발한다. 세계 시장은 단일 기업이 아니라 생태계 간의 경쟁으로 움직인다. 표준을 중심으로 기술과 인력, 자본이 모이고, 네트워크 효과가 강화된다. 독자 규격은 이 흐름에서 점점 주변으로 밀려난다.

　이른바 '갈라파고스 신드롬'은 내부적으로는 완성도가 높지만, 외부와 호환되지 않는 상태를 말한다. 자국이나 자사 시장에서는 강력하지만, 경계 밖으로 나가는 순간 경쟁력을 잃는다. 고객은 선택의 폭이 넓은 쪽으로 이동하고, 파트너는 표준을 따르는 곳으로 모인다.

　경제학적으로 보면 이는 전환 비용과 선택 비용의 문제다. 독자 규격은 초기에는 차별이지만, 시간이 지나면 고객의 전환 비용을 높여 불만을 키운다. 또한 외부 파트너에게는 진입 비용을 높여 참여를 막는다. 고립무원은 경쟁에서 밀리는 것이 아니라, 경쟁의 장에 서지 못하는 상태다.

　동양 사상은 고립을 경계한다. 관계 속에서만 의미가 생긴다는 인식이다. 기업의 기술과 규격도 관계를 전제로 할 때 힘을 가진다. 표준을 잃는 순간, 완성도는 자랑이 아니라 부담이 된다.

연결의 전략
―개방이 만드는 생존력

고립무원을 피하는 해법은 무조건적인 개방이 아니다. 핵심은 선택적 개방과 전략적 연계다. 무엇을 개방하고, 무엇을 지킬 것인지에 대한 명확한 기준이 필요하다. 핵심 역량은 내부에 두되, 인터페이스와 규칙은 외부와 연결해야 한다.

지속 가능한 기업은 표준을 '따르는 대상'이 아니라 '만드는 과정'에 참여한다. 연합체, 컨소시엄, 오픈 플랫폼을 통해 규칙 형성에 관여하면, 고립을 피하면서도 주도권을 확보할 수 있다. 이는 단기 효율을 일부 포기하는 선택일 수 있지만, 장기적으로는 확장성과 회복력을 키운다.

동양의 지혜는 이를 '통(通)'의 개념으로 설명한다. 막히지 않게 하되, 흘러가게 하라는 뜻이다. 기업의 전략도 마찬가지다. 내부의 완성도를 외부의 연결로 확장할 때, 기술은 자산이 되고 규격은 힘이 된다.

5부의 흐름에서 고립무원은 중요한 경계선이다. 독립과 고립은 다르다. 스스로 설 수 있는 기업은 강하지만, 혼자만 서려는 기업은 취약하다.

고립무원의 경영학은 이렇게 말한다. 지키는 것만으로는 살아남을 수 없다. 연결될 때, 비로소 확장된다. 고립은 선택이 아니라 결과로 나타나는 실패다.

백년대계 百年大計

지속 가능한 경영과 ESG

백 년을 본다는 것
—단기 성과의 유혹을 넘어서

'백년대계'는 백 년을 내다보고 세우는 큰 계획을 뜻한다. 이 말은 느림이나 보수성을 의미하지 않는다. 오히려 시간의 길이를 의식하는 전략의 태도를 말한다. 경영의 세계에서 백년대계는 분기 실적이나 연간 목표를 부정하지 않지만, 그것을 최종 목적으로 삼지 않는다.

현대 기업은 끊임없는 단기 압박 속에 놓여 있다. 주가, 실적 발표, 투자자의 기대는 경영진을 빠른 성과로 몰아간다. 이 압박은 합리적이지만, 반복되면 전략의 시야를 좁힌다. 단기 지표에 최적화된 선택은 장기 경쟁력을 잠식하는 경우가 많다. 연구개발 투자 축소, 인재 육성의 외주화, 환경·안전 비용의 절감은 당장은 이익을 만들지만, 미래의 비용을 키운다.

동양의 지혜는 시간을 적으로 보지 않는다. 시간은 견뎌야 할 대상이 아니라, 설계해야 할 변수다. 백년대계의 첫걸음은 단기 성과를 무시하는 것이 아니라, 단기 성과를 장기 목적에 종속시키는 것이다.

지속가능성의 실체
—ESG는 왜 전략이 되었는가

지속가능경영은 더 이상 선택적 미덕이 아니다. 환경(Environment), 사회(Social), 지배구조(Governance)로 대표되는 ESG는 규제이자 시장의 요구다. 이를 비용으로만 인식하는 기업은 대응에 그치고, 전략으로 인식하는 기업은 기회를 만든다.

환경 투자는 단순한 친환경 이미지가 아니다. 에너지 효율, 자원 순환, 공급망 안정성은 비용 구조와 리스크 관리의 문제다. 사회적 책임 역시 기부나 캠페인이 아니라, 인재 확보와 조직 신뢰의 기반이다. 지배구조는 투명성을 넘어 의사결정의 질을 높인다. ESG는 도덕의 언어처럼 보이지만, 실제로는 경쟁력의 언어다.

동양 사상은 덕(德)을 강조한다. 덕은 선행의 과시가 아니라, 공동체가 지속되게 하는 힘이다. 기업의 덕은 위기에서 드러난다. 환경 사고, 노동 문제, 지배구조 리스크가 발생했을 때 어떤 선택을 하는지가 기업의 시간을 결정한다. 백년대계의 ESG는 홍보가 아니라 위기 대응 능력이다.

시간을 조직하는 힘
—다음 세대를 위한 경영

백년대계의 마지막 조건은 세대의 연결이다. 오래가는 기업은 특정 인물이나 한 세대의 성과에 의존하지 않는다. 시스템으로 지식을 남기고, 문화로 가치를 전한다. 창업자의 철학이 조직의 언어로 정착되고, 전략의 기준이 사람보다 구조에 저장될 때 기업은 시간을 넘는다.

이를 위해 필요한 것은 승계 계획, 인재 육성, 학습 시스템이다. 단기 성과를 내는 관리자보다, 장기 가치를 설계하는 리더를 키워야 한다. 실패를 공유하고, 경험을 축적하며, 다음 세대가 더 나은 판단을 할 수 있도록 판단의 근거를 남겨야 한다.

동양의 지혜는 대를 잇는 것을 중시한다. 나무는 한 해의 열매보다, 뿌리의 깊이로 오래 산다. 기업도 마찬가지다. 백년대계는 거창한 비전 선언이 아니라, 오늘의 작은 선택들이 미래에 어떤 부담과 가능성을 남기는지를 묻는 태도다.

5부의 끝에서 백년대계는 이렇게 정리된다. 경영의 생존 전략은 빠르게 달리는 법이 아니라, 오래 달릴 수 있는 길을 고르는 일이다. 성장은 숫자로 증명되지만, 지속은 시간으로 증명된다.

백년대계의 경영학은 이렇게 말한다. 오늘의 이익이 내일의 신뢰를 갉아먹는다면, 그 성장은 오래가지 않는다.

세계 경제와 글로벌 패권

[국제 경제]

국경은 사라졌지만, 이해관계는 더 복잡해졌다

국가는 사라져도 국익의 원형은 변하지 않는다. 국제 경제는 자국의 생존과 번영을 위해 끊임없이 합종연횡(合從連橫)하는 거대한 인간 욕망의 투영체다. '순망치한'의 공생과 '적반하장'의 보복이 교차하는 글로벌 체스판 위에서, 우리는 수천 년 전 형성된 패권의 아키타입이 오늘날 환율 전쟁과 공급망 갈등으로 재현되는 현장을 목격한다.

6부는 시대의 파고를 넘어서는 국가의 생존 전략, 그 근원적 코드들을 추적해 본다.

원교근공 <small>遠交近攻</small>

자유무역협정(FTA)과 통상 전략

멀리 사귀고, 가까이 압박한다
―전략의 공간 감각

'원교근공'은 멀리 있는 나라와는 교류하고, 가까운 적을 먼저 공략한다는 뜻이다. 전쟁의 책략으로 알려져 있지만, 본질은 공간을 읽는 전략 감각에 있다. 국제 경제에서 이 사자성어는 군사 충돌이 아니라 통상과 외교의 방향성으로 변주된다. 국가 간 거래는 거리만으로 결정되지 않는다. 이해관계의 밀도, 산업의 보완성, 정치적 신뢰가 '가까움'과 '멂'을 다시 정의한다.

자유무역협정(FTA)은 이 공간 감각의 제도적 표현이다. 관세를 낮추고 규칙을 맞추는 행위는 단순한 경제 거래가 아니라, 관계의 재배치다. 어느 나라와 규칙을 공유할 것인지, 어느 산업을 열고 지킬 것인지는 국가 전략의 핵심을 드러낸다. 원교근공의 통상학은 적대가 아니라 우선순위의 문제를 묻는다.

동양의 지혜는 거리의 상대성을 강조한다. 물리적 거리가 멀어도 이해가 맞으면 가깝고, 국경을 맞대도 이해가 충돌하면 멀어진다. 통상 전략은 이 심리적·구조적 거리를 계산하는 기술이다.

FTA의 두 얼굴
—개방과 방어의 동시 설계

FTA는 흔히 개방의 상징으로 이해된다. 그러나 모든 개방은 조건부다. 어떤 품목을 먼저 열고, 어떤 규범을 나중에 맞출 것인지에 따라 승자와 패자가 갈린다. 원교근공의 관점에서 FTA는 무차별 개방이 아니라, 선별적 연계다.

경제학적으로 FTA는 무역 창출 효과와 무역 전환효과를 동시에 낳는다. 효율이 높은 공급자가 들어오면 소비자 후생은 늘지만, 기존 산업은 압박을 받는다. 따라서 통상 전략의 관건은 속도와 순서다. 한꺼번에 열면 충격이 크고, 단계적으로 열면 조정의 시간을 벌 수 있다.

동양 사상은 이를 '완급(緩急)의 조절'로 설명한다. 빠를 때와 느릴 때를 구분하는 것이 지혜다. 원교근공의 FTA는 멀리 있는 파트너와는 규칙을 깊게 맞추되, 산업 충격이 큰 인접 분야에서는 보호와 전환을 병행한다. 개방과 방어는 대립이 아니라, 하나의 설계다.

균형의 외교
─공급망 시대의 통상 포트폴리오

오늘날 통상 전략은 단순한 수출입의 문제가 아니다. 공급망의 안정성이 핵심 변수로 떠올랐다. 특정 국가나 지역에 과도하게 의존하면, 지정학적 리스크가 곧바로 경제 리스크로 전이된다. 원교근공의 현대적 의미는 여기서 확장된다. 멀리 사귀는 이유는 가격이 아니라 분산이다.

균형 잡힌 통상 포트폴리오는 다변화를 요구한다. 핵심 원자재, 중간재, 기술 표준을 여러 축으로 나누고, 어느 한쪽의 충격이 전체를 흔들지 않도록 설계해야 한다. 이는 비용을 늘리는 선택처럼 보일 수 있지만, 위기 국면에서는 보험료 이상의 가치를 발휘한다.

동양의 지혜는 중용을 말한다. 치우치지 않되, 방향은 분명해야 한다. 통상 외교에서도 마찬가지다. 모든 나라와 같은 깊이로 연결될 수는 없다. 선택과 집중, 그리고 분산의 균형이 필요하다. 원교근공의 통상학은 적을 만들지 않으면서도, 의존을 관리하는 기술이다.

6부의 시작에서 원교근공은 세계 경제를 바라보는 좌표를 제시한다. 글로벌 패권의 경쟁은 무력보다 규칙에서, 관세보다 표준에서 벌어진다. 통상 전략은 숫자의 합이 아니라, 관계의 지도다.

원교근공의 국제경제학은 이렇게 말한다. 가까운 것에 묶이지 말고, 먼 것과만 손잡지도 말라. 균형 있게 연결될 때, 국가는 흔들리지 않는다.

사면초가 四面楚歌

보호무역주의에 갇힌 수출 경제

노래가 들려오는 방향
―포위는 어떻게 완성되는가

'사면초가'는 사방에서 적의 노랫소리가 들려 도망칠 길이 막힌 상황을 뜻한다. 국제 경제의 언어로 옮기면, 이는 동시에 강화되는 보호 장벽을 의미한다. 관세 인상, 보조금 경쟁, 기술 규제, 안보 연계 통상까지. 각각은 별개의 정책처럼 보이지만, 수출 의존도가 높은 국가에는 하나의 포위망으로 작동한다.

보호무역은 단번에 오지 않는다. 먼저 '공정'의 언어로 시작된다. 덤핑 방지, 산업 보호, 공급망 안전이라는 명분이 붙는다. 다음으로 규칙이 바뀐다. 환경·노동 기준이 통상 조건으로 편입되고, 기술 이전과 데이터 규제가 따라온다. 마지막으로는 동맹과 진영의 논리가 덧씌워진다. 이 단계에 이르면 수출은 가격 경쟁의 문제가 아니라 정치적 선택의 문제가 된다.

동양의 지혜는 포위의 본질을 심리에서 찾는다. 사방에서 들려오는 노래는 실제 병력보다 탈출 의지를 꺾는 신호다. 보호무역의 압박도 마찬가지다. 기업과 국가는 규칙이 언제 또 바뀔지 모른다는 불확실성 속에서 위축된다. 사면초가는 숫자의 문제가 아니라, 판단을 지연시키는 환경이다.

수출의 취약점
―개방의 성공이 만든 그림자

수출 주도 성장은 많은 국가의 고속 성장을 이끌었다. 개방은 규모의 경제를 가능하게 했고, 세계 시장은 성장의 무대가 되었다. 그러나 이 성공은 동시에 취약한 구조를 남겼다. 특정 시장·품목·기업에 대한 의존이 커질수록, 외부 충격은 증폭된다.

보호무역이 강화되면 가장 먼저 흔들리는 것은 가격 경쟁력이다. 관세와 비관세 장벽은 비용을 올리고, 보조금 경쟁은 공정한 비교를 무력화한다. 다음으로 흔들리는 것은 예측 가능성이다. 계약은 유지되지만, 규칙은 바뀐다. 기업은 투자 결정을 미루고, 공급망은 보수적으로 재편된다. 이때 발생하는 비용은 재무제표에 즉각 드러나지 않지만, 성장의 속도를 잠식한다.

동양 사상은 이를 '강함의 역설'로 설명한다. 한 방향으로 너무 강해지면, 그 방향이 약점이 된다. 수출의 성공이 내수와 혁신의 균형을 흐트러뜨렸다면, 보호무역의 충격은 더 크게 온다. 사면초가의 한가운데서 필요한 것은 피해의 호소가 아니라, 구조의 점검이다.

돌파의 길
―다변화, 고도화, 규칙의 재참여

사면초가에서 빠져나오는 길은 단 하나가 아니다. 그러나 공통의 원칙은 분명하다. 의존을 관리하고, 가치를 높이며, 규칙에 참여해야 한다. 첫째는 시장과 품목의 다변화다. 한 나라의 문이 닫히면 다른 문을 여는 능력이 필요하다. 이는 단순한 수출선 변경이 아니라, 현지화·파트너십·서비스 결합을 포함한 접근 방식의 전환이다.

둘째는 수출의 고도화다. 보호무역은 대체 가능한 상품을 먼저 겨냥한다. 기술·브랜드·표준이 결합된 제품일수록 장벽은 낮아진다. 가격이 아니라 대체 불가능성으로 경쟁해야 한다. 연구개발과 인재 투자는 비용이 아니라, 포위를 무디게 하는 방패다.

셋째는 규칙의 재참여다. 규칙은 주어지는 것이 아니라 만들어진다. 다자 협의체, 표준 기구, 지역 협정에 적극 참여해 규칙 형성의 초기 단계에 목소리를 내야 한다. 동양의 지혜는 이를 '형세를 바꾸는 길'로 본다. 포위를 정면 돌파하기보다, 판의 구조를 바꾸는 선택이다.

6부의 맥락에서 사면초가는 위기의 장이다. 그러나 위기는 방향을 가르친다. 보호무역의 파고는 높지만, 그 파고가 요구하는 것은 폐쇄가 아니라 정교한 개방이다. 열되 준비하고, 연결하되 의존을 관리하는 것. 그것이 사면초가를 건너는 길이다.

사면초가의 국제경제학은 이렇게 말한다. 사방이 막혀 보일수록, 길은 구조에 있다. 의존을 줄이고 가치를 높일 때, 포위는 균열을 만든다.

어부지리 ^{漁夫之利}

환율 전쟁 속에서 이득을 보는 나라

싸움의 곁에서
―환율 전쟁은 어떻게 시작되는가

'어부지리'는 두 세력이 다투는 사이 제삼자가 이익을 얻는다는 뜻이다. 국제 경제에서 이 말은 환율 갈등의 전형적 결과를 설명한다. 국가들이 성장과 수출을 위해 통화를 약세로 유도하거나, 인플레이션을 억제하기 위해 긴축에 나설 때, 환율은 정책의 부산물이자 전략의 무기가 된다.

환율 전쟁은 선언으로 시작되지 않는다. 금리 조정, 유동성 공급, 재정 정책의 차이가 누적되며 상대적 가치의 변동으로 나타난다. 한 나라의 통화가 약해지면 수출은 유리해지고, 다른 나라의 산업은 압박을 받는다. 이에 대응해 또 다른 정책이 이어지고, 경쟁은 확산된다. 이 과정에서 모두가 원하는 것은 '승리'지만, 결과는 종종 예상 밖의 수혜자를 낳는다.

동양의 지혜는 싸움의 본질을 주변에서 보라고 가르친다. 정면 대결에 집중할수록 시야는 좁아진다. 환율 전쟁에서도 마찬가지다. 직접 당사자보다, 중간 위치의 국가와 산업이 유연하게 움직이며 이익을 취하는 경우가 많다. 어부지리는 우연이 아니라, 구조의 산물이다.

제삼자의 조건
—왜 어떤 나라는 이득을 보는가

환율 변동의 수혜자는 무작위로 정해지지 않는다. 몇 가지 조건이 겹칠 때 어부지리는 현실이 된다. 첫째, 개방성과 선택성의 균형이다. 환율 변동을 흡수할 수 있을 만큼 시장은 열려 있으되, 급격한 자본 이동에 취약하지 않도록 제도적 장치가 필요하다.

둘째, 산업 구조의 유연성이다. 환율 변화는 가격 신호를 바꾼다. 원자재 수입국, 중간재 가공국, 최종 소비 시장의 위치에 따라 효과는 다르다. 다양한 산업 포트폴리오를 가진 국가는 손실을 상쇄하며 기회를 포착한다. 특정 품목 의존도가 높을수록 변동성은 위험이 된다.

셋째, 정책의 예측 가능성이다. 투자자는 환율 수준보다 정책의 일관성을 중시한다. 급변하는 환율 환경에서 규칙이 유지되는 국가는 자본을 끌어들인다. 이 자본은 단기 차익이 아니라, 생산과 고용으로 이어질 때 진정한 어부지리가 된다.

동양 사상은 이를 '형세를 읽는 눈'으로 설명한다. 바람의 방향을 바꾸려 하기보다, 돛을 조정하는 지혜다. 환율 전쟁의 한복판에서 이득을 보는 나라는 싸움을 키우지 않고, 흐름에 맞춰 위치를 조정한다.

기회의 관리
—환율 이익을 지속 가능하게 만드는 법

어부지리는 단기 이익에 머물기 쉽다. 환율이 유리할 때 수출이 늘고, 자본이 유입되며, 성장률이 개선된다. 그러나 이 이익을 관리하지 못하면 부작용이 뒤따른다. 통화 가치의 급등락, 자산 가격의 거품, 산업의 공동화가 그것이다. 진정한 과제는 이익의 전환이다.

첫째, 환율 이익을 생산성 투자로 연결해야 한다. 일시적 수익을 연구개발, 인프라, 인재 양성에 투입하면 환율이 바뀌어도 경쟁력은 남는다. 둘째, 금융 안정 장치를 강화해야 한다. 거시건전성 규제와 외환 완충 장치는 변동성을 흡수한다. 셋째, 통상 전략과 연계해야 한다. 환율 이익은 시장 접근성과 결합될 때 지속된다.

동양의 지혜는 이를 '재물의 도(道)'로 본다. 얻는 것보다 지키는 법이 어렵다. 어부지리는 하늘이 주는 선물이 아니라, 관리로 완성되는 성과다. 흐름을 이용하되, 흐름에 매몰되지 않는 것. 그것이 환율 전쟁에서 살아남는 길이다.

6부의 맥락에서 어부지리는 기회의 장이다. 갈등과 경쟁의 소용돌이 속에서도, 균형과 유연성을 갖춘 국가는 이득을 만든다. 중요한 것은 어느 편에 서느냐가 아니라, 어디에 서서 어떻게 움직이느냐다.

어부지리의 국제경제학은 이렇게 말한다. 싸움의 중심에 서지 마라. 흐름의 옆에 서서, 기회를 관리하라. 그때 이익은 우연이 아니라 전략이 된다.

함흥차사 咸興差使

글로벌 공급망 병목 현상

떠난 뒤 소식이 없는 사신
―공급망 병목의 정체

'함흥차사'는 한 번 떠난 사신이 소식 없이 돌아오지 않는 상황을 비유한다. 글로벌 경제에서 이 말은 팬데믹, 지정학 갈등, 자연재해 이후 끊기거나 지연된 공급망의 현실을 정확히 묘사한다. 주문은 넣었지만 물건은 오지 않고, 계약은 살아 있지만 일정은 무기한 미뤄진다. 병목은 단절이 아니라 지연의 누적이다.

공급망 병목은 단일 사건으로 발생하지 않는다. 한 지역의 생산 차질, 항만 적체, 운송 비용 급등, 통관 지연이 연쇄적으로 이어지며 전체 시스템을 느리게 만든다. 세계화는 효율을 극대화했지만, 완충 장치를 최소화했다. 재고는 줄었고, 공급선은 집중됐다. 그 결과 작은 충격도 큰 지연으로 확대된다.

동양의 지혜는 지연을 단순한 실패로 보지 않는다. 지연은 구조의 신호다. 함흥차사는 사신의 무능이 아니라, 길의 험난함을 말해 준다. 공급망 병목은 현장의 문제가 아니라, 설계의 문제다.

기다림의 비용
—효율이 만든 취약성

병목의 비용은 가시적 손실만이 아니다. 생산 차질, 매출 감소, 계약 위반 같은 직접 비용 외에 신뢰의 손상이라는 간접 비용이 뒤따른다. 납기가 불확실해지면 고객은 대안을 찾고, 기업은 보수적으로 움직인다. 이는 투자 지연과 고용 위축으로 연결된다.

경제학적으로 이는 저스트 인 타임(JIT)의 역설이다. 재고를 줄여 효율을 높인 시스템은, 공급이 흔들릴 때 가장 먼저 멈춘다. 기다림의 비용은 재무제표에 늦게 반영되지만, 경쟁력에는 즉각적인 영향을 미친다. 함흥차사의 교훈은 분명하다. 효율의 극대화는 때로 회복 탄력성의 최소화로 이어진다.

동양 사상은 중용을 말한다. 빠름과 느림의 균형, 비움과 채움의 조절이다. 공급망에서도 마찬가지다. 기다림을 줄이기 위해 모든 것을 쥐어짜면, 위기에서 더 오래 기다리게 된다.

돌아오는 길의 설계
—분산과 예비의 전략

함흥차사를 끝내는 방법은 재촉이 아니라 재설계다. 첫째, 공급선의 분산이다. 단일 국가·단일 업체 의존을 줄이고, 지역별·기술별 대안을 마련해야 한다. 이는 비용을 올리는 선택처럼 보이지만, 위기 시 중단

비용을 크게 낮춘다.

둘째, 전략적 재고와 예비 능력이다. 모든 재고를 줄이는 대신, 병목 가능성이 큰 품목에는 완충을 둔다. 셋째, 가시성의 강화다. 데이터와 추적 시스템을 통해 병목의 위치와 원인을 조기에 파악하면 대응 속도가 빨라진다. 공급망은 길이 아니라 지도가 있어야 한다.

동양의 지혜는 이를 '유비무환'의 선행 조건으로 본다. 준비는 위기를 없애지 않지만, 기다림을 단축한다. 함흥차사를 교훈으로 삼는 국가는 공급망을 비용이 아닌 안보 자산으로 관리한다.

6부의 흐름에서 함흥차사는 구조의 장이다. 세계 경제는 다시 연결되지만, 예전과 같은 방식은 아니다. 효율의 시대에서 회복의 시대로 넘어가는 전환점에 서 있다.

함흥차사의 국제경제학은 이렇게 말한다. 돌아오지 않는 사신을 탓하지 말고, 돌아올 수 있는 길을 다시 그려라. 기다림을 줄이는 힘은 설계에서 나온다.

파죽지세 破竹之勢

신흥 경제 대국의 부상

대나무를 가르듯
—기세는 어디서 시작되는가

'파죽지세'는 한 번 기세가 붙으면 대나무를 쪼개듯 막힘없이 나아간다는 뜻이다. 국제경제에서 이 말은 특정 국가가 짧은 시간 안에 산업·무역·기술 전반에서 연속적인 돌파를 이루는 현상을 설명한다. 신흥 경제 대국의 부상은 우연이 아니라, 기세를 설계한 결과다.

기세의 출발점은 단순한 성장률이 아니다. 중요한 것은 연결된 성공이다. 한 산업의 성과가 다른 산업으로 파급되고, 수출의 확대가 내수와 투자로 이어지며, 기술 축적이 다시 경쟁력을 강화하는 선순환이 만들어질 때 기세는 지속된다. 이 선순환이 끊기지 않는 한, 외부의 충격도 속도를 늦출 뿐 방향을 바꾸기는 어렵다.

동양의 지혜는 기세를 자연의 흐름으로 본다. 물이 낮은 곳으로 흐르듯, 조건이 갖춰지면 성장은 저절로 이어진다. 파죽지세의 국가는 억지로 속도를 올리지 않는다. 대신 흐름이 막히지 않도록 제도와 인프라를 정비한다. 기세는 명령으로 만들어지지 않는다. 장애물을 제거

할 때 생긴다.

추격에서 도약으로

—신흥국 전략의 공통 공식

신흥 경제 대국의 공통점은 명확하다. 첫째, 선택과 집중이다. 모든 산업을 동시에 키우지 않는다. 글로벌 수요가 크고 학습 효과가 빠른 분야를 골라 자원을 몰아준다. 둘째, 개방과 보호의 병행이다. 기술과 자본은 받아들이되, 전략 산업에는 보호막을 씌워 학습 시간을 번다. 셋째, 국가 역량의 동원이다. 교육, 금융, 인프라가 산업 전략과 맞물린다.

경제학적으로 이는 후발국의 압축 성장 모델이다. 선발국이 수십 년에 걸쳐 축적한 경험을 단기간에 흡수한다. 중요한 것은 모방에서 멈추지 않는다는 점이다. 일정 단계에 이르면 자체 기술과 표준을 만들며 규칙의 수용자에서 규칙의 제안자로 이동한다. 이 전환이 이뤄질 때, 추격은 도약으로 바뀐다.

동양 사상은 이를 '시세(時勢)를 타는 지혜'로 설명한다. 때를 읽고, 흐름을 타며, 적절한 순간에 방향을 꺾는다. 파죽지세는 무작정 전진하는 힘이 아니라, 전환을 두려워하지 않는 용기에서 나온다.

기세의 관리
─급성장의 그림자와 다음 단계

그러나 파죽지세는 언제나 위험을 동반한다. 빠른 성장은 불균형을 낳는다. 자산 가격의 급등, 부채의 확대, 환경 부담, 사회적 격차가 동시에 커진다. 기세가 클수록 멈추는 비용도 커진다. 역사적으로 많은 신흥국이 이 지점에서 중진국 함정에 빠졌다.

기세를 관리하는 핵심은 질적 전환이다. 양적 확대에서 생산성 향상으로, 외형 성장에서 기술·브랜드 경쟁으로 이동해야 한다. 교육과 연구개발, 제도 개혁이 뒤따르지 않으면 기세는 소진된다. 또한 외교·통상 전략의 재조정이 필요하다. 영향력이 커질수록 견제와 규범의 압력도 커지기 때문이다.

동양의 지혜는 '과유불급'을 경고한다. 기세는 밀어붙일수록 강해지는 것이 아니라, 다스릴 때 오래간다. 파죽지세의 다음 단계는 속도를 유지하는 것이 아니라, 방향과 균형을 재설정하는 일이다.

6부의 맥락에서 파죽지세는 전환의 장이다. 신흥 경제 대국의 부상은 세계 질서를 흔들지만, 동시에 새로운 책임을 요구한다. 기세를 가진 국가는 더 이상 주변부가 아니다. 규칙과 안정의 공동 설계자가 된다.

파죽지세의 국제경제학은 이렇게 말한다. 기세는 만들 수 있다. 그러나 지속은 관리해야 한다. 멈추지 않는 힘은 전환을 아는 지혜에서 나온다.

동상이몽同床異夢

경제 공동체 내부의 이해관계 충돌

같은 침상, 다른 계산
―공동체는 왜 흔들리는가

'동상이몽'은 같은 자리에 누워 있으면서도 서로 다른 꿈을 꾼다는 뜻이다. 국제 경제에서 이 말은 경제 공동체의 가장 본질적인 모순을 정확히 짚는다. 자유무역지대, 관세동맹, 경제연합은 외형상 하나의 시장처럼 보이지만, 그 안의 국가는 서로 다른 산업 구조와 정치적 이해를 지닌다.

공동체는 효율을 약속한다. 규모의 경제, 규칙의 통일, 이동의 자유가 성장의 동력이 된다. 그러나 통합이 깊어질수록 균열도 선명해진다. 경기 순환의 속도가 다르고, 재정 여력의 크기가 다르며, 노동시장과 복지의 기준이 다르다. 호황의 과실은 비대칭적으로 배분되고, 불황의 부담은 고르게 분담되지 않는다. 이 지점에서 동상이몽은 현실이 된다.

동양의 지혜는 공동체를 감정의 결합이 아니라 이익의 배열로 본다. 뜻이 다름을 인정하지 않으면, 결속은 오래가지 못한다. 경제 공동체의 위기는 배신이 아니라, 기대의 불일치에서 시작된다.

통합의 비용
―단일 규칙이 만드는 비대칭

공동체의 핵심은 규칙의 공유다. 단일 시장, 공통 규범, 때로는 단일 통화까지. 이는 거래 비용을 줄이고 예측 가능성을 높인다. 그러나 규칙의 통일은 동시에 정책 자율성의 축소를 의미한다. 모든 국가에 같은 규칙을 적용하면, 어떤 국가는 유리하고 어떤 국가는 불리해진다.

경제학적으로 이는 최적통화지역(OCA) 논의와 맞닿아 있다. 생산 구조가 유사하고 노동 이동이 자유로울수록 통합의 이익은 커진다. 반대로 구조가 이질적일수록 충격은 비대칭적으로 나타난다. 금리를 올려야 하는 국가와 내려야 하는 국가가 같은 정책을 써야 할 때, 동상이몽의 갈등은 심화된다.

동양 사상은 이를 '동형(同形)의 위험'으로 본다. 겉모습을 맞추는 데 집중하면, 속도의 차이는 더 커진다. 공동체의 통합 비용은 눈에 보이는 재정 이전보다, 정책 선택의 제약에서 더 크게 발생한다. 갈등은 규칙이 틀려서가 아니라, 규칙이 하나이기 때문에 생기기도 한다.

조율의 기술
―공동체를 지속시키는 장치

동상이몽을 관리하는 해법은 분열이 아니라 조율이다. 첫째, 충격 흡수 장치가 필요하다. 공동 재정, 이전 지출, 투자 기금은 비대칭 충격을 완화한다. 이는 보조금이 아니라, 공동체 유지의 보험료다. 둘째, 유연성의 확보가 중요하다. 모든 규칙을 일률적으로 적용하기보다, 단계적 이행과 예외 조항을 통해 조정 시간을 벌어야 한다.

셋째, 정치적 서사의 관리다. 공동체는 경제 논리만으로 유지되지 않는다. 왜 함께해야 하는지에 대한 공유된 이야기가 필요하다. 불만이 쌓일수록 탈퇴의 유혹은 커진다. 동양의 지혜는 이를 '화이부동(和而不同)'의 정신으로 설명한다. 조화를 이루되, 같아지려 강요하지 말라는 뜻이다.

6부의 맥락에서 동상이몽은 통합의 시험대다. 공동체는 위기에서 진짜 모습을 드러낸다. 갈등을 숨기면 균열은 커지고, 갈등을 제도화하면 지속은 가능해진다. 중요한 것은 같은 꿈을 꾸게 만드는 것이 아니라, 다른 꿈이 공존하도록 설계하는 것이다.

동상이몽의 국제경제학은 이렇게 말한다. 함께 가는 길은 같은 속도를 요구하지 않는다. 서로 다른 이해를 조율할 수 있을 때, 공동체는 오래간다.

적반하장 賊反荷杖

환율 조작국 지정과 무역 보복

도둑이 몽둥이를 든다
—규범은 어떻게 무기가 되는가

'적반하장'은 잘못한 쪽이 도리어 큰소리치며 상대를 꾸짖는 상황을 뜻한다. 국제경제에서 이 말은 환율 조작국 지정 논쟁이 가진 아이러니를 날카롭게 드러낸다. 환율은 시장, 정책, 자본 이동이 복합적으로 작용한 결과임에도, 특정 국가가 의도적으로 왜곡했다는 낙인은 종종 정치적 판단으로 내려진다.

환율 조작국 지정은 기술적 평가처럼 보인다. 외환시장 개입 규모, 경상수지 흑자, 무역 불균형 같은 지표가 동원된다. 그러나 실제로는 힘의 비대칭이 작동한다. 규칙을 해석하는 쪽과 적용받는 쪽이 다를 때, 규범은 중립적 기준이 아니라 압박의 수단이 된다. 적반하장은 바로 이 지점에서 현실이 된다.

동양의 지혜는 힘이 규범을 가장할 때의 위험을 경고한다. 옳고 그름의 문제로 포장된 갈등은 타협을 어렵게 만든다. 환율 조작 논쟁도 마찬가지다. 경제적 사실의 다툼을 넘어, 정당성의 싸움으로 번질 때 갈등은 장기화된다.

보복의 연쇄
―무역 갈등은 왜 확대되는가

환율 조작국 지정은 상징에 그치지 않는다. 관세 인상, 투자 제한, 금융 제재로 이어질 수 있다. 문제는 이 조치들이 상호 보복의 연쇄를 촉발한다는 점이다. 한쪽의 제재는 다른 쪽의 대응을 낳고, 갈등은 양자 구도를 넘어 다자 질서를 흔든다.

경제학적으로 보면 이는 죄수의 딜레마와 닮아 있다. 각국은 자국 산업을 보호하기 위해 강경책을 택하지만, 모두가 그렇게 행동하면 전체 후생은 감소한다. 글로벌 공급망은 흔들리고, 불확실성은 투자와 고용을 위축시킨다. 적반하장의 논리는 단기 정치적 이익을 제공할 수 있지만, 장기 경제적 비용은 누적된다.

동양 사상은 이를 '강강상부(强强相搏)의 폐해'로 본다. 강한 자들끼리 부딪히면, 이기는 쪽도 상처를 입는다. 환율과 무역을 둘러싼 보복의 연쇄는 승자를 만들기보다 피로한 패자들을 늘린다.

대응의 지혜
―규범의 정치화에 맞서는 법

적반하장의 상황에서 필요한 것은 맞대응의 격화가 아니라 프레임의 전환이다. 첫째, 다자 규범으로의 회귀다. 양자 압박에 맞서 국제기구와 협의체를 활용해 기준의 객관성을 확보해야 한다. 규범을 개인전으로 만들지 말고, 집단 규칙으로 돌려놓는 전략이다.

둘째, 정책 투명성의 강화다. 외환 정책의 목적과 수단을 명확히 공개하면 오해의 여지는 줄어든다. 투명성은 양보가 아니라 방어 수단이다. 셋째, 구조적 대응이다. 환율 논쟁의 근본에는 무역 구조와 산업 경쟁력이 있다. 수지 불균형을 줄이고, 내수와 생산성을 키우는 전략이 병행되어야 한다.

동양의 지혜는 이를 '이정제동(以靜制動)'의 태도로 설명한다. 움직임을 멈춰 상대를 제압한다는 뜻이 아니라, 차분함으로 주도권을 되찾는 방식이다. 적반하장에 휘말리지 않으려면, 감정의 속도를 낮추고 규칙의 무게를 높여야 한다.

6부의 흐름에서 적반하장은 규범의 장이다. 세계 경제의 갈등은 점점 도덕의 언어를 빌려 정당화된다. 그러나 진짜 해법은 낙인이 아니라 구조다. 환율을 둘러싼 논쟁에서 살아남는 국가는 큰소리를 내는 나라가 아니라, 규칙을 설계하고 신뢰를 쌓는 나라다.

적반하장의 국제경제학은 이렇게 말한다. 규범을 휘두르는 힘은 오래가지 않는다. 규범을 설계하는 힘만이 패권을 유지한다.

오월동주 吳越同舟

기후 위기 대응을 위한 국제 협력

같은 배에 탄 적들
—기후 위기가 던진 질문

'오월동주'는 원수지간인 오나라와 월나라 사람들이 한 배에 타고 풍랑을 만나 서로 도우며 살아남았다는 고사에서 나온 말이다. 국제경제에서 이 사자성어는 기후 위기라는 거대한 충격 앞에서 국가들이 처한 현실을 정확히 묘사한다. 경쟁하고 갈등하던 국가들조차, 기후 변화 앞에서는 운명을 공유하는 승객이 되었다.

기후 변화는 국경을 묻지 않는다. 어느 나라의 배출이 다른 나라의 재난으로 돌아오고, 한 지역의 가뭄과 홍수는 글로벌 공급망을 흔든다. 이는 전형적인 글로벌 공공재 문제다. 개별 국가가 감축 비용을 부담해도 이익은 전 세계에 분산되므로, 무임승차의 유인이 발생한다. 각자 합리적으로 행동하면 모두가 손해를 보는 상황. 기후 위기는 국제경제의 가장 어려운 협력 게임이다.

동양의 지혜는 이 딜레마를 오래전부터 꿰뚫어 보았다. 배가 가라앉으면 적과 아군의 구분은 의미가 없다. 오월동주는 협력이 미덕이기 이

전에 생존의 조건임을 말한다.

비용과 책임
—왜 협력은 늘 불완전한가

기후 협력이 어려운 이유는 명확하다. 첫째, 책임의 비대칭성이다. 산업화를 먼저 이룬 국가들은 역사적으로 더 많은 배출을 했고, 개발도상국은 성장의 권리를 주장한다. 둘째, 능력의 차이다. 감축 기술과 재정 여력이 있는 나라와 그렇지 못한 나라 사이의 간극은 협상에서 갈등을 낳는다.

경제학적으로 이는 분담의 문제다. 누가 얼마나 부담할 것인가를 둘러싼 협상은 도덕과 현실의 경계에서 흔들린다. 탄소 가격, 국경 조정세, 녹색 보조금은 기후 정책이면서 동시에 통상 정책이 된다. 환경을 명분으로 한 보호주의는 또 다른 갈등을 부른다.

동양 사상은 이를 '동주공제(同舟共濟)'의 실천 문제로 본다. 같은 배에 탔다고 해서 자동으로 노를 함께 젓는 것은 아니다. 규칙과 신뢰, 그리고 공정하다고 받아들여지는 분담이 있어야 협력은 지속된다.

협력의 설계
—경쟁을 넘는 새로운 질서

오월동주의 해법은 감정적 연대가 아니라 제도적 협력이다. 첫째, 감축 목표의 차등화다. 동일한 목표가 아니라, 단계와 책임을 달리하는 방식이 현실적이다. 둘째, 기술 이전과 금융 지원이다. 이는 시혜가 아니라 공동체 투자다. 취약한 고리가 강화될수록 전체 시스템은 안정된다.

셋째, 시장 메커니즘의 활용이다. 탄소 시장과 녹색 금융은 비용을 낮추고 참여를 확대한다. 경쟁은 사라지지 않는다. 다만 경쟁의 방향을 바꾸는 것이 중요하다. 누가 더 많이 배출하느냐가 아니라, 누가 더 빠르게 전환하느냐로 기준을 옮기는 것이다.

동양의 지혜는 이를 '화경위동(和競爲動)', 즉 조화로운 경쟁의 원리로 읽을 수 있다. 협력은 경쟁을 제거하지 않는다. 경쟁을 살리는 틀을 만든다.

6부의 맥락에서 오월동주는 글로벌 패권의 새로운 기준을 제시한다. 군사력이나 통화력이 아니라, 협력의 설계 능력이 국격을 결정하는 시대다. 기후 위기 앞에서 리더십은 명령이 아니라 조율에서 나온다.

오월동주의 국제경제학은 이렇게 말한다. 우리는 이미 같은 배에 타고 있다. 남은 선택은 노를 함께 젓느냐, 침몰을 다투느냐 뿐이다.

순망치한 唇亡齒寒

글로벌 경제의 상호 의존성

입술이 없으면 이가 시리다
─상호 의존의 본질

'순망치한'은 입술이 없으면 이가 시리다는 뜻으로, 서로 떼려야 뗄 수 없는 밀접한 관계를 비유한다. 현대 세계 경제에서 이 사자성어는 상호 의존의 본질을 가장 직관적이면서도 통찰력 있게 설명한다. 지난 수십 년간의 글로벌화는 생산 효율을 극대화하는 방향으로 전개되었다. 각 국가는 자신들의 비교우위에 집중했고, 부품과 원자재는 국경을 끊임없이 넘나들며 최적의 경제적 조합을 찾았다. 이 과정에서 세계는 하나의 거대한 유기체적 생산 네트워크가 되었다.

그러나 이러한 상호 의존은 효율성을 높인 동시에 시스템의 취약성도 함께 키웠다. 특정 국가의 봉쇄, 주요 항로의 갑작스러운 차질, 혹은 한 금융 시장의 국지적 불안은 네트워크를 타고 전 세계로 연쇄 확산된다. 최근 우리가 겪은 공급망 병목 현상, 에너지 수급 위기, 금융 시장의 변동성은 모두 긴밀한 연결이 가진 역설적 단면을 여실히 드러낸다. 순망치한은 이제 협력의 미덕을 넘어, 리스크를 공동으로 분담해야 함을 의미한다.

동양의 지혜는 관계를 단순한 이익의 교환으로만 보지 않는다. 함께 따뜻함을 유지하는 구조가 한 번 무너지면, 어느 한쪽만 홀로 안전할 수는 없다. 세계 경제의 진정한 안정은 개별 국가의 독자적 강인함보다는, 그들을 잇는 연결의 건강성과 복원력에 달려 있다.

단절의 유혹
—탈세계화는 해답인가

위기가 닥칠 때마다 시장에서는 탈세계화와 보호무역의 목소리가 커지기 마련이다. 자급자족, 리쇼어링(Reshoring), 경제 블록화는 불확실성에 대응하려는 국가들의 자연스러운 방어 기제다. 국가 안보와 경제 안보를 명분으로 공급망을 자국 중심으로 재편하려는 움직임은 점점 더 견고하게 제도화되고 있다. 그러나 여기서 우리가 간과하지 말아야 할 문제는 바로 막대한 '비용'이다.

경제학적으로 상호 의존의 끈을 강제로 끊는 행위는 필연적으로 중복 투자와 전반적인 효율 손실을 동반한다. 모든 생산 공정을 자국 내에서 해결하려면 제품 가격은 오를 수밖에 없고, 기술 혁신의 속도는 둔화된다. 더 치명적인 것은 국가 간 신뢰의 붕괴다. 단절은 단기적인 심리적 안정감을 줄 수 있을지 모르지만, 장기적으로는 국제적 협력의 토대를 근본적으로 약화시킨다. 동양 사상은 이를 '자기완결의 환상'이라 경계한다. 타자 없이 혼자서만 따뜻해질 수 있다는 생각은 위험한 착각이다. 순망치한의 세계에서 단절은 결코 안전망이 되지 못하며, 오히려 추위와 위기의 전염을 가속화할 뿐이다.

관리된 상호 의존
─취약성을 줄이는 전략

순망치한이 제시하는 진정한 해법은 의존 자체를 없애는 것이 아니라, 의존의 방식을 현명하게 관리하는 것이다. 첫째, 공급선의 다변화 (Diversification)다. 특정 국가나 경로에 대한 과도한 집중을 탈피하여 충격 흡수력을 높여야 한다. 둘째, 데이터의 투명성 확보다. 공급망 정보와 글로벌 금융 흐름의 가시성을 높이면 위기의 징후를 조기에 포착하고 경보할 수 있다.

셋째, 협력 체계의 제도화다. 위기 발생 시 즉각적인 정보 공유와 공동 대응을 가능하게 하는 다자간 협약은 상호 의존에 따르는 잠재적 비용을 낮춘다. 이는 결국 신뢰를 축적해 나가는 과정이다. 동양의 지혜는 이를 '상생(相生)'의 구조로 이해한다. 모두가 함께 살아남기 위해 각자의 역할과 책임을 분명히 하는 것이다.

6부의 흐름 속에서 순망치한은 우리에게 엄중한 경고이자 동시에 명확한 방향을 제시한다. 세계 경제는 이미 되돌릴 수 없을 만큼 깊이 연결되어 있다. 우리의 선택지는 두 가지다. 연결을 끊어 내어 더 큰 불확실성을 감수할 것인가, 아니면 연결을 정교하게 다듬어 공통의 안정으로 전환할 것인가. 순망치한의 국제경제학은 이렇게 강조한다. 연결은 분명 위험을 동반한다. 그러나 인류에게 더 큰 위험은, 우리가 연결되어 있다는 그 엄연한 사실을 부정하는 것이다.

권불십년 權不十年

기축통화 패권의 역사적 변천

권력의 수명
—화폐는 왜 패권이 되는가

'권불십년'은 권세는 십 년을 넘기기 어렵다는 뜻이다. 정치 권력의 무상함을 말하는 이 사자성어는, 국제경제에서 기축통화 패권의 본질을 이해하는 데도 정확히 들어맞는다. 기축통화는 단순한 결제 수단이 아니다. 그것은 신뢰의 축적이며, 질서의 중심이다. 그러나 신뢰는 영구 자산이 아니다. 쌓이기 어렵고, 무너지는 것은 순식간이다.

역사적으로 기축통화의 조건은 분명했다. 압도적 경제력, 깊은 금융시장, 안정적인 정치 제도, 그리고 무엇보다 규칙을 지킨다는 신뢰다. 금본위 시대의 파운드화, 전후 질서를 지배한 달러는 모두 이 요건을 충족했다. 그러나 어느 시대든 패권은 자연발생적 산물이 아니라, 비용을 수반하는 선택이었다.

동양의 지혜는 권력을 '쥐는 것'보다 '유지하는 것'이 어렵다고 말한다. 기축통화는 발행국에 특권을 준다. 낮은 차입 비용, 위기 시 안전 자산수요, 제재의 수단까지. 그러나 특권은 동시에 책임의 무게를 동반한다.

균열의 시작
—과잉 특권과 신뢰의 침식

　기축통화의 쇠퇴는 외부의 공격보다 보통 내부의 과잉에서부터 시작된다. 재정 적자의 상시화, 단기적 이익을 위한 통화 팽창의 남용, 그리고 국제 규칙의 선택적 적용은 보이지 않는 곳에서부터 신뢰를 갉아먹는다. 당장의 위기를 넘기기 위해 무분별하게 찍어 낸 유동성은 장기적으로 통화 고유의 가치를 희석시킨다. 과거에 누렸던 과잉 특권은 결국 미래의 감당하기 어려운 과잉 비용으로 되돌아오게 된다.

　경제학적으로 이는 흔히 '트리핀 딜레마(Triffin Dilemma)'로 설명된다. 세계 경제에 유동성을 충분히 공급하려면 발행국은 무역 적자를 감수해야 하고, 그 적자가 임계치를 넘어 쌓일수록 통화의 근본적인 신뢰는 흔들리게 된다. 패권국은 안정적인 유동성 공급자이자 동시에 최종 차입자라는 모순적인 역할을 동시에 수행해야 하는 숙명을 안고 있다. 이 아슬아슬한 균형이 깨질 때, 시장에서는 필연적으로 대안을 모색하기 시작한다.

　동양 사상은 이를 '성극필반(盛極必反)', 즉 극에 달하면 반드시 반전이 일어난다는 자연의 원리로 읽는다. 기축통화의 절대적 지위도 이 법칙에서 예외가 될 수 없다. 신뢰를 축적하던 제도가 도리어 신뢰를 소모하는 장치로 변질될 때, 권불십년의 냉혹한 법칙은 작동하기 시작한다.

다음 질서
—다극화와 절제의 통화 전략

기축통화의 미래는 단일 대체가 아니라 다극화일 가능성이 크다. 하나의 통화가 모든 역할을 독점하던 시대에서, 여러 통화와 자산이 기능을 분담하는 구조로 이동한다. 이는 패권의 붕괴가 아니라 분산이다. 위험은 낮아지지만, 조율 비용은 높아진다.

이 과정에서 중요한 것은 발행국의 태도다. 절제 없는 확장은 쇠퇴를 앞당기고, 규칙을 존중하는 절제는 신뢰를 연장한다. 동양의 지혜는 이를 '지족(知足)'의 미덕으로 설명한다. 충분함을 알 때, 오래간다.

6부의 마지막 꼭지에서 권불십년은 경고이자 처방이다. 패권은 선언으로 유지되지 않는다. 신뢰를 관리하는 능력이 곧 국력이다. 기축통화의 왕좌는 영원하지 않지만, 책임을 다하는 국가는 그 자리에 가장 오래 머문다.

권불십년의 국제경제학은 이렇게 말한다. 권력은 쥐는 자의 것이 아니라, 절제하는 자의 것이다.

노동과 복지, 공존의 경제

[노동/복지]

일하지 않는 사회는 지속될 수 있는가

경제의 목적은 성장 자체가 아니라 인간의 삶이다. 7부는 노동, 임금, 복지, 고령화, 불평등 문제를 사자성어로 풀어내며 '공존의 경제'를 모색한다. 무항산무항심과 유전무죄는 불안정한 삶의 구조를, 노마지지와 살신성인은 노동의 가치와 사회적 연대를 상징한다.

7부는 복지를 비용이 아닌 사회적 투자로, 노동을 생산요소가 아닌 존엄의 문제로 바라보게 만든다.

유전무죄 有錢無罪

부의 양극화와 법적 불평등

돈 앞에서 기울어진 저울
―불평등의 체감 온도

'유전무죄'는 돈이 있으면 죄가 없고, 없으면 죄가 있다는 냉소적 표현이다. 이는 도덕적 탄식을 넘어 경제 구조가 법과 제도의 작동 방식에까지 영향을 미치는 현실을 투영한다. 노동과 복지를 논할 때, 이 사자성어는 불편하지만 피할 수 없는 출발점이 된다.

현대 사회의 법은 형식적으로 평등하나, 이를 활용하고 방어하는 능력은 결코 평등하지 않다. 자본은 정보와 전문성을 구매해 리스크를 회피할 선택지를 갖지만, 생계형 노동자의 작은 실수는 생존의 위기로 직결된다. 같은 규칙 아래서도 결과가 판이한 이유다.

경제학적으로 이는 자원의 비대칭 접근 문제다. 자산 격차는 단순한 소비 차이를 넘어 교육, 건강, 법적 대응 능력 등 미래 기회의 격차를 누적시킨다. 유전무죄는 법 자체의 결함이라기보다, 경제적 토대가 정의를 왜곡하는 현상에 가깝다. 동양의 지혜는 이를 일찍이 경계했다. 공자가 말한 '불환빈 환불균(不患貧 患不均)', 즉 가난보다 불균형을 걱정

하라는 통찰은 절대적 빈곤보다 상대적 박탈감이 사회를 불안하게 만
든다는 점을 시사한다.

노동의 가치, 복지의 기준
─공정은 어디서 무너지는가

　노동은 개인에게 소득의 원천이자 인간 존엄의 기반이다. 그러나 노
동시장이 정규직과 비정규직, 그리고 플랫폼 노동 등으로 파편화되고
이중화되면서, 보호받아야 할 권리는 차등화되고 모든 위험은 오히려
사회적 약자 쪽에만 집중된다. 복지는 본래 이러한 격차를 완화하기 위
해 설계되었으나, 정보 접근성의 차이에 따라 사각지대를 낳으며 '유정
보유죄(有情報有罪)'라는 또 다른 소외의 얼굴을 드러내기도 한다.

　경제학적 관점에서 복지는 재분배의 장치이나, 정치적으로는 늘 첨에
한 갈등의 중심에 선다. '노력한 자의 몫'이라는 논리가 구조적으로 고
착된 불평등을 교묘히 가릴 때, 사회적 신뢰는 급격히 약화된다. 복지
가 시민의 권리가 아닌 시혜로 인식되는 순간, 수혜자는 사회적 낙인을
감수해야 하고 제도는 그 지속 가능성을 잃는다. 맹자는 "항산이 있어
야 항심이 있다(無恒産 無恒心)."라고 설파했다. 기본적인 경제적 안정이
보장되지 않고서는 개인의 도덕과 사회적 책임도 유지되기 어렵다는
뜻이다. 유전무죄가 통용되는 사회는 결국 규범의 기반을 스스로 잠식
해 들어간다.

제도의 재설계
―돈보다 규칙이 강한 사회로

구조를 바꾸는 해법은 분노가 아닌 제도의 재설계에 있다. 첫째, 노동 보호 범위를 확대해야 한다. 고용 형태가 아닌 노동의 실질을 기준으로 플랫폼 노동자나 프리랜서 등 위험을 부담하는 쪽에 보호가 가야 한다. 둘째, 복지 접근성을 높여야 한다. 복잡한 제도는 불평등을 키운다. 단순하고 자동화된 제도는 사회적 투자와 같다.

셋째, 사전 분배의 강화다. 세후 재분배만으로는 한계가 명확하다. 교육과 직업 훈련 등 공공 투자를 통해 출발선의 격차를 줄이는 것이 돈의 영향력을 제한하는 가장 효과적인 길이다. 동양의 지혜는 이를 '법불아귀(法不阿貴)', 즉 법은 귀한 자에게 아첨하지 않는다는 원칙으로 요약한다.

7부의 첫 장에서 유전무죄는 엄중한 경고다. 노동과 복지의 실패는 사회적 신뢰의 붕괴로 이어진다. 공존의 경제는 소득을 같게 만드는 것이 아니라, 규칙 앞의 평등을 회복하는 것에서 시작된다. 유전무죄의 경제학은 말한다. 정의는 돈이 많은 곳이 아니라, 규칙이 강한 곳에서 비로소 숨을 쉰다.

무항산무항심 無恒産無恒心

기본소득과 경제적 안정

항산이 없으면 항심도 없다
―생계 불안의 경제학

'무항산무항심'은 일정한 재산이 없으면 일정한 마음도 없다는 뜻이다. 맹자의 이 문장은 인간을 도덕의 주체로 보기 이전에, 생존의 조건을 갖춘 존재로 이해해야 한다는 현실적 통찰을 담고 있다. 노동과 복지를 논하는 오늘의 경제에서도 이 명제는 여전히 유효하다.

불안정한 소득은 개인의 선택을 왜곡한다. 단기 생계를 위해 장기 역량 투자를 포기하고, 위험을 감수하기보다 즉각적인 현금을 선택하게 만든다. 이는 개인의 문제가 아니라 구조의 문제다. 소득의 바닥이 흔들리면 소비는 위축되고, 교육과 건강 투자는 미뤄지며, 사회 전반의 생산성은 낮아진다. 항산의 부재는 항심의 붕괴로 이어지고, 그 비용은 사회 전체가 부담한다.

경제학적으로 이는 불확실성의 비용이다. 소득 변동성이 큰 사회일수록 예방적 저축은 늘고, 소비는 줄며, 혁신은 둔화된다. 무항산무항심은 도덕적 훈계가 아니라, 거시 안정의 조건을 말한다. 안정된 바닥이 있을 때, 개인은 미래를 설계하고 사회는 성장한다.

기본소득의 논쟁
—시혜인가, 인프라인가

기본소득은 무항산무항심의 현대적 해석이다. 일정 수준의 소득을 조건 없이 보장하자는 제안은 찬반을 불러온다. 비판은 분명하다. 근로 의욕을 떨어뜨린다, 재정 부담이 크다, 공정하지 않다는 주장이다. 그러나 논쟁의 핵심은 도덕이 아니라 설계다.

기본소득은 일하지 않아도 되는 권리를 주자는 것이 아니다. 일을 선택할 수 있는 여지를 넓히자는 제안이다. 불안정한 노동시장에서 최소한의 소득 바닥은 재교육과 전직을 가능하게 하고, 위험을 감수한 창업과 이동을 촉진한다. 이는 노동의 해체가 아니라, 노동의 재배치를 돕는 장치다.

동양 사상은 이를 '양민지정(養民之政)', 즉 백성을 기르는 정치로 본다. 기르는 것은 나태를 부추기는 것이 아니라, 역량을 키우는 일이다. 기본소득을 시혜로 인식하면 낙인이 생기고 지속 가능성은 떨어진다. 반대로 사회 인프라로 설계하면, 그것은 도로와 교육처럼 생산성을 높이는 투자로 기능한다.

공존을 위한 설계
—안정과 책임의 균형

　무항산무항심의 해법은 단일 제도가 아니라 조합이다. 첫째, 바닥의 확실성이다. 기본소득이든, 최소소득 보장이든, 핵심은 예측 가능성이다. 불확실한 지원은 불안을 줄이지 못한다. 둘째, 노동 연계의 유연성이다. 소득 보장은 근로를 대체하지 않고, 전환을 지원해야 한다. 교육·훈련과의 결합이 중요하다.

　셋째, 재정의 정직성이다. 지속 가능한 재원 설계 없이 약속은 신뢰를 해친다. 보편과 선별의 조합, 세제 개편과의 연동, 단계적 도입은 현실적 선택지다. 동양의 지혜는 이를 '중용(中庸)'의 미덕으로 설명한다. 과도하면 반발을 낳고, 부족하면 효과가 없다.

　7부의 맥락에서 무항산무항심은 공존의 전제다. 노동의 형태가 빠르게 변하는 시대에, 소득의 바닥은 개인의 도덕을 지키는 울타리이자 사회의 안정판이다. 안정이 있어야 책임도 요구할 수 있다. 항산 없는 항심은 없다.

　무항산무항심의 경제학은 이렇게 말한다. 사람의 마음은 불안 위에서 오래 서 있지 못한다. 안정의 바닥이 공존의 출발선이다.

고진감래 苦盡甘來

인적 자본 축적과 교육 투자

고통의 시간
—축적은 왜 지루한가

'고진감래'는 고생 끝에 즐거움이 온다는 뜻이다. 교육과 인적 자본의 축적을 설명하는 데 이보다 적확한 사자성어는 없다. 교육 투자는 즉각적인 보상을 주지 않는다. 시간과 비용이 들고, 결과는 불확실하다. 그래서 교육의 가치는 늘 과소평가되기 쉽다.

개인 차원에서 교육은 기회비용을 동반한다. 학습에 투입한 시간은 곧 노동 소득의 포기다. 저소득층일수록 이 비용은 더 크게 느껴진다. 사회 차원에서도 교육 투자는 정치적으로 매력적이지 않다. 성과는 임기 이후에 나타나고, 실패의 책임은 현재에 남는다. 그럼에도 불구하고 교육은 장기 성장의 핵심 동력이다.

경제학적으로 인적 자본은 외부효과를 지닌다. 한 개인의 학습은 생산성 향상뿐 아니라, 기술 확산과 혁신의 토대를 만든다. 고진감래는 개인의 미덕이 아니라, 사회적 전략이다.

교육과 불평등
―사다리는 왜 흔들리는가

본래 교육은 부모의 배경과 상관없이 누구나 도약할 수 있는 '계층 이동의 사다리'였다. 그러나 오늘날 현실에서는 이 사다리의 가로대 간격이 점점 더 벌어지고 있다. 질 높은 교육은 점차 고비용 구조로 고착화되고 있으며, 교육에 대한 접근성은 부모의 소득 수준에 따라 확연히 달라진다. 이러한 교육 격차는 노동 시장의 격차로 이어지고, 이것이 다시 소득 불평등의 심화로 환류되는 악순환을 낳는다. 이는 고진감래의 약속이 평범한 이들에게는 '고진고통(苦盡苦痛)'으로 변질되는 뼈아픈 순간이다.

경제학적 관점에서 이는 전형적인 '신용 제약'과 '정보 비대칭'의 문제로 해석할 수 있다. 교육 투자에 필요한 초기 자금을 적기에 조달하지 못하면, 개인이 지닌 잠재력은 사회적 자산으로 발현되지 못한 채 사장된다. 현재의 장학금 제도나 학자금 대출은 이를 보완하려는 장치이나 여전히 충분치 않다. 특히 평생 학습과 재교육의 중요성이 폭발적으로 커지는 시대에, 생애 초기 교육에만 자원을 집중하는 과거의 정책은 명확한 한계를 드러낸다.

동양의 전통 사상은 배움의 기회를 '덕(德)'을 일구는 토양'으로 간주한다. 토양이 척박하거나 고르지 못하면, 아무리 귀한 씨앗이라 할지라도 그 성장은 오로지 우연과 운에 맡겨질 뿐이다. 결국 교육 정책의 실패는 특정 개인의 노력 부족이 아니라, 공정한 기회를 제공해야 할 토양 관리의 실패라고 보아야 마땅하다.

인내를 제도로 만들다
—장기 투자의 설계

고진감래를 사회적 현실로 만들기 위해서는 인내를 개인에게만 요구해서는 안 된다. 제도가 인내를 대신해야 한다. 첫째, 조기 개입이다. 유아·초등 교육에 대한 투자는 수익률이 높다. 불평등은 어릴수록 줄이기 쉽다.

둘째, 전환기 교육이다. 기술 변화로 직업 수명이 짧아진 시대에는 재교육이 필수다. 실직 후의 훈련이 아니라, 경력 중간의 업스킬링이 필요하다. 셋째, 평가의 다양화다. 단일 시험과 서열은 잠재력을 왜곡한다. 다양한 경로와 성취를 인정하는 구조가 인적 자본의 폭을 넓힌다.

동양의 지혜는 이를 '십년수목 백년수인(十年樹木 百年樹人)', 즉 나무를 키우는 데는 십 년, 사람을 키우는 데는 백 년이 걸린다는 말로 요약한다. 교육은 느리지만, 가장 깊다.

7부의 세 번째 장에서 고진감래는 약속이 아니라 설계의 결과다. 고통의 시간을 견디는 개인 위에, 인내를 지탱하는 제도가 있을 때 달콤함은 현실이 된다. 인적 자본에 대한 투자는 비용이 아니라, 가장 확실한 미래 자산이다.

고진감래의 경제학은 이렇게 말한다. 교육의 보상은 늦게 오지만, 가장 멀리 간다.

동상이몽 _{同床異夢}

노사 갈등과 협력의 균형점

같은 현장, 다른 기대
―노사 갈등의 구조

동상이몽은 같은 자리에 있으면서 서로 다른 꿈을 꾼다는 뜻이다. 노동 현장에서 이 말은 노사 관계의 현실을 그대로 비춘다. 노동자는 안정된 소득과 존엄한 노동 조건을 원하고, 기업은 비용 효율과 경쟁력을 추구한다. 같은 일터에 서 있지만, 기대의 방향은 다르다.

갈등의 씨앗은 악의에서 나오지 않는다. 구조에서 나온다. 생산성 향상은 필요하지만, 그 성과의 배분을 둘러싼 합의는 늘 어렵다. 임금 인상은 비용으로 보이고, 비용 절감은 생계 위협으로 느껴진다. 이때 노사 갈등은 도덕의 문제가 아니라 분배 규칙의 문제가 된다.

경제학적으로 노사 관계는 협상 게임이다. 정보가 불완전하고, 신뢰가 부족할수록 파업과 대립은 잦아진다. 단기 이익에 매달리면 장기 생산성은 손상된다. 동상이몽은 불가피하지만, 파국은 선택이다.

동양의 지혜는 갈등을 부정하지 않는다. 다만 갈등을 조율의 대상으로 본다. 꿈이 다른 것을 인정하지 않으면, 같은 침상은 투쟁의 장이 된다.

대립의 비용
—갈등은 누구를 가난하게 하는가

노사 갈등의 비용은 당사자만이 치르지 않는다. 생산 차질은 공급망에 영향을 주고, 투자 불확실성은 고용을 위축시킨다. 사회 전체가 부담하는 외부비용이다. 파업이 길어질수록 신뢰는 회복하기 어려워진다.

임금 억제만으로 경쟁력을 유지하려는 전략도 한계가 있다. 숙련의 이탈, 사기 저하, 안전사고의 증가로 이어진다. 반대로 무리한 임금 인상은 투자 여력을 갉아먹고, 자동화의 속도를 앞당긴다. 어느 쪽도 지속 가능하지 않다.

동양 사상은 이를 '과유불급(過猶不及)'의 원리로 설명한다. 지나침도 모자람도 문제다. 노사 관계에서 중요한 것은 균형의 감각이다. 균형은 정지 상태가 아니라, 끊임없이 조정되는 과정이다.

협력의 제도화
—꿈을 맞추는 장치

동상이몽의 해법은 감정의 화해가 아니라 제도의 설계다. 첫째, 정보의 공유다. 기업의 경영 상황과 생산성 지표를 투명하게 공유할수록 협상은 현실화된다. 불신은 정보의 부재에서 자란다.

둘째, 성과 연동의 분명한 규칙이다. 생산성 향상의 과실이 임금과 복지로 연결되는 구조는 협력의 유인을 만든다. 셋째, 사회적 대화의 상설화다. 갈등이 폭발한 뒤의 협상은 비용이 크다. 평상시의 대화는 보험이다.

동양의 지혜는 이를 '화이부동(和而不同)', 즉 조화를 이루되 같아지려 강요하지 말라는 말로 요약한다. 같은 꿈을 꾸게 할 수는 없지만, 같은 방향으로 걷게 할 수는 있다.

7부의 네 번째 장에서 동상이몽은 경고이자 제안이다. 노동과 복지의 공존은 갈등의 부재가 아니라, 갈등을 관리하는 능력에서 나온다. 일터가 전장이 되지 않으려면, 분배의 규칙은 명확해야 한다.

동상이몽의 노동경제학은 이렇게 말한다. 같은 일터의 평화는 꿈을 하나로 만드는 데서가 아니라, 다른 꿈을 조율하는 데서 시작된다.

단사표음 簞食瓢飲

미니멀리즘과 소박한 소비 경제

한 그릇의 밥, 한 바가지의 물
—풍요 속 결핍의 역설

'단사표음'은 대그릇의 밥과 표주박의 물로도 만족한다는 뜻이다. 공자는 이 말을 통해 가난을 미화하지 않았다. 오히려 소유의 많고 적음과 행복의 크기가 반드시 비례하지는 않는다는 점을 강조했다. 오늘날 소비사회에서 이 사자성어는 더욱 도발적이다. 우리는 이전보다 훨씬 많은 것을 소비하지만, 만족은 더 빨리 소진된다.

현대 경제는 소비 확대를 성장의 엔진으로 삼아 왔다. 소득이 늘면 소비가 늘고, 소비가 늘면 생산과 고용이 확대된다는 논리다. 그러나 과잉 소비는 새로운 문제를 낳았다. 가계 부채의 증가, 환경 부담, 그리고 지속적인 불안이다. 더 많이 벌기 위해 더 오래 일하고, 더 많이 쓰기 위해 더 많이 빚지는 구조는 노동의 목적을 흐린다.

경제학적으로 이는 한계효용 체감의 문제다. 추가 소비가 주는 만족은 빠르게 줄어든다. 단사표음은 소비를 줄이라는 도덕적 명령이 아니라, 효용이 높은 지점을 찾으라는 제안이다. 어디서부터 더 이상 행복이 늘지 않는지를 아는 것, 그것이 자족의 출발이다.

미니멀리즘과 노동
─덜 쓰면 덜 벌어도 되는가

미니멀리즘은 단순한 유행이 아니다. 그것은 노동과 소비의 관계를 재설정하려는 움직임이다. 덜 소유하면 덜 벌어도 된다는 생각은 노동 시간을 줄이고, 삶의 자율성을 넓힌다. 이는 개인의 선택처럼 보이지만, 구조적 조건에 크게 의존한다.

저임금·불안정 노동자에게 소비 절제는 미덕이 아니라 강요된 결과일 수 있다. 단사표음이 가능하려면 기본적인 안정이 전제되어야 한다. 앞선 장에서 다룬 무항산무항심의 조건이 여기서 다시 중요해진다. 소박한 소비는 빈곤의 다른 이름이 되어서는 안 된다.

경제학적으로 미니멀리즘은 수요 구조의 전환을 의미한다. 양적 소비에서 질적 소비로, 소유에서 경험으로 이동한다. 이는 노동시장에도 영향을 미친다. 장시간 노동과 과잉 경쟁을 완화하고, 서비스·돌봄·문화 영역의 가치를 재평가하게 만든다.

동양의 지혜는 이를 '지족상락(知足常樂)', 즉 만족할 줄 알면 항상 즐겁다는 말로 설명한다. 이는 욕망의 억압이 아니라, 욕망의 방향 전환이다.

지속 가능한 풍요
─소박함을 제도로 만들다

단사표음의 경제학을 개인의 선택에만 맡길 수는 없다. 소박한 소비가 가능한 사회는 제도적으로 뒷받침되어야 한다. 첫째, 주거·의료·교육 같은 필수 비용의 부담을 낮춰야 한다. 고정비가 낮을수록, 사람들은 과도한 소득 경쟁에서 벗어날 수 있다.

둘째, 노동 시간의 선택권을 넓혀야 한다. 일-삶 균형은 미덕이 아니라 생산성 전략이다. 충분한 휴식은 창의성과 건강을 높인다. 셋째, 환경 비용을 가격에 반영해야 한다. 과잉 소비가 더 비싸질 때, 소박한 선택은 자연스럽게 늘어난다.

동양 사상은 이를 '중용(中庸)'의 실천으로 본다. 지나치지도 모자라지도 않은 상태를 사회적으로 설계하는 일이다. 단사표음은 궁핍의 미화가 아니라, 지속 가능한 풍요의 조건이다.

7부의 다섯 번째 장에서 단사표음은 노동과 복지의 방향을 다시 묻는다. 더 많이 소비하기 위해 더 많이 일하는 사회에서, 우리는 무엇을 위해 일하는가. 소박함은 후퇴가 아니라 선택의 확장이다.

단사표음의 경제학은 이렇게 말한다. 적게 소유할수록 삶은 가벼워지고, 노동은 다시 사람을 향한다.

천차만별 千差萬別

임금 격차와 이중 노동 시장

다르게 책정된 가치
—임금 격차의 현실

'천차만별'은 수없이 많은 차이가 존재한다는 뜻이다. 노동시장에서 이 말은 임금의 풍경을 그대로 묘사한다. 같은 시간 일해도, 같은 공간에서 일해도 보상은 다르다. 숙련, 학력, 업종, 고용 형태에 따라 임금은 갈라지고, 그 격차는 시간이 지날수록 누적된다.

임금 차이는 어느 정도까지는 자연스럽다. 생산성의 차이는 보상의 차이를 낳는다. 그러나 문제가 되는 지점은 차이가 구조로 굳어질 때다. 동일한 업무를 수행하면서도 계약 형태가 다르다는 이유로 임금과 복지가 달라지는 경우, 그 차이는 효율이 아니라 권력 관계의 산물이 된다.

경제학적으로 이는 분절 노동시장 이론으로 설명된다. 1차 시장은 안정과 높은 임금을, 2차 시장은 불안정과 낮은 임금을 특징으로 한다. 이동은 쉽지 않다. 천차만별은 다양성의 표현이 아니라, 고착화된 불평등의 다른 이름이 된다.

동양의 지혜는 차이를 인정하되, 차별을 경계한다. 차이는 자연의 질서지만, 차별은 인간의 선택이다.

이중 노동시장의 함정
―격차는 왜 재생산되는가

이중 노동시장은 스스로를 강화한다. 안정된 일자리는 경험과 숙련을 축적하고, 불안정한 일자리는 기회를 잃는다. 교육과 훈련의 접근성도 다르다. 결과적으로 초기의 작은 차이는 시간이 지나 넘을 수 없는 간극이 된다.

이 구조는 기업에도 비용을 남긴다. 단기 비용 절감을 위해 비정규·외주 노동에 의존하면, 숙련의 축적은 어렵고 품질과 안전 리스크는 커진다. 사회 전체로 보면 소득 불안정은 소비 위축과 복지 지출 증가로 돌아온다. 천차만별의 임금 구조는 효율적이지도, 지속 가능하지도 않다.

동양 사상은 이를 '불균즉란(不均則亂)', 즉 고르지 않으면 어지러워진다는 원리로 본다. 격차는 어느 선을 넘는 순간 질서의 붕괴를 부른다.

공정의 재정의
―차이를 인정하되, 이동을 보장하라

천차만별의 해법은 평준화가 아니라 이동성의 회복이다. 첫째, 동일 노동 동일 임금의 원칙을 실질적으로 구현해야 한다. 직무 기반 임금 체계는 계약 형태보다 일의 내용에 보상을 연결한다.

둘째, 전환의 사다리를 복원해야 한다. 교육·훈련과 내부 노동시장 활성화는 2차 시장에서 1차 시장으로의 이동을 가능하게 한다. 셋째, 사회보험의 보편화다. 고용 형태와 무관하게 위험을 분담할 때, 격차의 파급 효과는 줄어든다.

동양의 지혜는 이를 '각득기소(各得其所)', 즉 각자가 제자리를 얻는 상태로 설명한다. 모두가 같은 자리에 설 필요는 없다. 그러나 오를 수 있는 길은 열려 있어야 한다.

7부의 여섯 번째 장에서 천차만별은 현실 진단이자 방향 제시다. 임금의 차이를 없애는 것이 아니라, 차이가 운명이 되지 않게 하는 것. 그것이 공존의 경제다.

천차만별의 노동경제학은 이렇게 말한다. 차이는 자연이지만, 격차는 제도다. 제도를 바꾸면 미래도 바뀐다.

노마지지 老馬之智

고령화 사회와 숙련 노동의 가치

늙은 말의 길
―경험이 가진 보이지 않는 힘

'노마지지'는 늙은 말의 지혜라는 뜻으로, 오랜 경험이 길을 안다는 고사에서 비롯된다. 급변하는 기술의 시대에 이 사자성어는 역설적으로 더 큰 울림을 갖는다. 우리는 흔히 혁신을 젊음과 연결하지만, 실제 현장에서는 경험의 축적이 문제 해결의 속도와 정확도를 좌우한다.

고령화는 노동시장의 부담으로만 인식되기 쉽다. 생산성이 낮아진다, 비용이 늘어난다, 변화에 둔감하다는 편견이 따라붙는다. 그러나 이는 경험의 가치를 측정하지 못한 결과다. 숙련은 단순한 기술의 반복이 아니라, 예외를 다루는 능력이다. 위기 상황에서의 판단, 실패를 피하는 감각, 관계를 조율하는 기술은 수치로 환산되기 어렵지만, 조직의 안정성을 높인다.

경제학적으로 숙련은 암묵지(tacit knowledge)의 영역에 속한다. 문서화하기 어렵고, 단기간에 이전되지 않는다. 노마지지는 교육의 대체물이 아니라, 교육의 완성이다. 젊은 인력이 빠르게 배우고 성장하기 위해서도, 경험의 토대는 필수적이다.

세대의 오해
—고령 노동은 왜 배제되는가

그럼에도 고령 노동은 노동시장에서 밀려난다. 이유는 구조적이다. 연공급 임금 체계는 나이가 비용으로 보이게 만들고, 조기 퇴직은 관행이 된다. 기술 변화의 속도는 재교육의 기회를 충분히 제공하지 않은 채, 세대 간 단절을 심화시킨다.

이 배제는 개인의 손실을 넘어 사회적 손실이다. 숙련의 공백은 품질 저하와 안전사고로 이어지고, 젊은 세대는 시행착오를 반복한다. 고령 노동자의 퇴장은 지식의 유실이다. 노마지지가 사라질 때, 조직은 같은 실수를 더 비싼 비용으로 되풀이한다.

동양 사상은 이를 '기용불문연(器用不問年)', 즉 그릇과 쓰임을 따질 뿐, 나이를 묻지 말라는 원리로 설명한다. 문제는 능력이 아니라, 능력을 배치하는 제도다.

공존의 설계
—숙련을 연결하는 노동시장

　노마지지의 해법은 고령자의 무조건적 잔류가 아니라 역할의 재설계다. 첫째, 직무 중심 임금과 역할 분화다. 숙련이 필요한 영역과 체력 중심 업무를 구분하고, 경험의 가치를 보상에 반영해야 한다.

　둘째, 멘토링과 전수의 제도화다. 경험은 공유될 때 자산이 된다. 세대 혼합 팀과 현장 코칭은 학습 곡선을 줄인다. 셋째, 평생 학습의 현실화다. 재교육은 선택이 아니라 노동 생애의 일부가 되어야 한다. 기술 변화에 적응할 수 있는 기회를 제공할 때, 고령 노동은 부담이 아니라 안정판이 된다.

　동양의 지혜는 이를 '노소동락(老少同樂)', 즉 늙고 젊음이 함께 즐긴다는 말로 요약한다. 공존은 미담이 아니라 생산성 전략이다.

　7부의 일곱 번째 장에서 노마지지는 고령화 사회의 방향을 제시한다. 빠름만을 숭배하는 경제는 쉽게 넘어지고, 경험을 존중하는 경제는 오래 간다. 숙련은 과거의 유물이 아니라, 미래의 보험이다.

　노마지지의 노동경제학은 이렇게 말한다. 속도는 젊음에서 나오지만, 길은 경험이 안다. 공존의 사회는 둘을 함께 쓴다.

살신성인 殺身成仁

사회적 기업과 공유 경제

자신을 버려 뜻을 이룬다
―이윤 중심 경제의 균열

'살신성인'은 자신을 희생하여 옳은 뜻을 이룬다는 의미다. 이 사자성어는 종종 개인의 윤리적 결단으로 해석되지만, 오늘날 경제의 맥락에서는 조직과 제도의 선택을 비추는 거울이 된다. 사회적 기업과 공유 경제는 이윤 극대화라는 단일 목표에서 벗어나, 공동의 문제를 해결하려는 실천으로 등장했다.

전통적 시장 경제는 효율을 창출했지만, 동시에 사각지대를 남겼다. 취약 계층의 고용, 환경 보호, 지역 소멸 같은 문제는 수익성이 낮다는 이유로 방치되기 쉬웠다. 이때 사회적 기업은 손실을 감수해서가 아니라, 목표를 재정의함으로써 시장에 개입했다. 이윤은 목적이 아니라 수단이 되었고, 성과는 재무제표 밖에서도 측정되기 시작했다.

경제학적으로 이는 외부효과의 내부화 시도다. 사회적 가치를 가격에 반영하지 않으면, 시장은 그 가치를 생산하지 않는다. 살신성인은 무모한 희생이 아니라, 보이지 않는 가치를 드러내는 전략이다.

공유의 두 얼굴
―연대인가, 착취인가

공유 경제는 살신성인의 또 다른 얼굴이다. 자원의 효율적 사용과 접근성 확대를 약속하며 등장했지만, 현실에서는 평가가 엇갈린다. 플랫폼을 통한 공유는 진입 장벽을 낮췄지만, 동시에 노동의 불안정성을 키웠다. 연대의 이름으로 시작한 모델이 책임의 전가로 변질되는 순간, 살신성인은 토사구팽과 닮아간다.

문제의 핵심은 소유가 아니라 통제와 분배다. 누가 규칙을 만들고, 위험을 누가 부담하는가. 사회적 기업과 진정한 공유 경제는 이 질문을 회피하지 않는다. 수익과 의사결정에 참여할 수 있을 때, 공유는 협력이 된다. 그렇지 않으면, 그것은 값싼 노동의 다른 이름일 뿐이다.

동양의 지혜는 이를 '공도동귀(共途同歸)', 즉 함께 길을 가고 함께 도착한다는 원리로 설명한다. 공동선은 선언으로 만들어지지 않는다. 구조 속에 내장될 때 비로소 작동한다.

지속 가능성의 조건
―헌신을 제도로 바꾸다

살신성인의 경제를 지속 가능하게 만들려면, 개인의 선의에 의존해서는 안 된다. 헌신을 제도로 바꾸는 일이 필요하다. 첫째, 명확한 성과 지표다. 사회적 가치의 측정과 공개는 신뢰를 만든다. 둘째, 금융의 역할이다. 임팩트 투자와 사회적 금융은 자본이 가치 창출에 참여하도록 유도한다.

셋째, 공공과 시장의 협력이다. 사회적 기업은 정부를 대체하지 않고, 시장을 부정하지도 않는다. 공공의 목표를 시장의 방식으로 수행하는 중간 지대에 위치한다. 동양 사상은 이를 '중화(中和)', 즉 극단을 피하고 조화를 이루는 상태로 본다.

7부의 여덟 번째 장에서 살신성인은 질문을 던진다. 경제는 누구를 위해 존재하는가. 공동선을 추구하는 선택이 지속 가능하려면, 그것은 영웅적 희생이 아니라 합리적 구조가 되어야 한다.

살신성인의 경제학은 이렇게 말한다. 공동선은 희생으로 유지되지 않는다. 구조가 그것을 가능하게 할 때, 선의는 오래간다.

안빈낙도 安貧樂道

경제적 성공과 삶의 질 사이의 균형

가난에 안주하라는 말이 아니다
—안빈낙도의 오해

'안빈낙도'는 흔히 가난해도 즐겁게 산다는 체념의 미덕으로 오해된다. 그러나 이 사자성어의 본뜻은 가난을 찬미하자는 데 있지 않다. 물질의 많고 적음에 삶의 기준을 종속시키지 말라는 요청에 가깝다. 즉, 소득은 삶의 수단이지 목적이 아니라는 인식이다.

현대 사회는 성장을 성취로, 소득을 성공으로 환산해 왔다. 더 벌고 더 소비하는 것이 곧 더 나은 삶이라는 전제가 널리 받아들여졌다. 그러나 이 전제는 균열을 드러낸다. 소득은 늘었지만, 시간은 줄었고 불안은 커졌다. 경쟁은 치열해졌고, 실패의 비용은 커졌다. 안빈낙도는 이 지점에서 질문을 던진다. 우리는 무엇을 위해 이렇게 일하는가.

경제학적으로 삶의 질은 소득만으로 설명되지 않는다. 여가, 건강, 관계, 안전, 환경은 GDP에 온전히 반영되지 않는다. 소득이 일정 수준을 넘어서면, 추가 소득이 주는 행복은 빠르게 감소한다. 안빈낙도는 성장의 부정을 말하지 않는다. 성장의 목표를 재정의하자고 말한다.

노동의 목적
—일은 어디까지 삶을 대신할 수 있는가

노동은 생계를 넘어 정체성을 형성한다. 그러나 노동이 삶을 대체하는 순간, 균형은 무너진다. 장시간 노동과 성과 압박은 소진을 낳고, 소진은 다시 생산성을 갉아먹는다. 성공의 사다리는 높아졌지만, 떨어질 때의 충격도 커졌다.

안빈낙도의 관점에서 중요한 것은 노동의 적정선이다. 일은 삶을 지탱해야지, 삼켜서는 안 된다. 경제학적으로 이는 한계노동의 문제다. 추가 노동 시간이 가져오는 소득 증가와 삶의 질 감소를 비교해야 한다. 많은 사회에서 이 균형은 무너져 있다.

동양의 지혜는 이를 '중용(中庸)'의 원리로 설명한다. 지나치지도, 모자라지도 않은 상태를 찾는 것. 노동 정책의 목표는 더 많은 일을 하게 만드는 것이 아니라, 더 나은 일을 가능하게 하는 것이어야 한다. 임금만이 아니라 노동 시간, 안전, 자율성이 함께 고려될 때 안빈낙도는 현실이 된다.

균형을 제도로
—삶의 질을 키우는 경제

안빈낙도를 개인의 철학에만 맡길 수는 없다. 제도가 균형을 뒷받침해야 한다. 첫째, 노동 시간의 선택권이다. 단축 근로, 유연 근무는 특권이 아니라 표준이 되어야 한다. 선택권이 있을 때, 사람들은 삶의 단계에 맞는 결정을 내릴 수 있다.

둘째, 사회적 안전망이다. 소득 변동의 공포가 줄어들수록, 사람들은 일과 삶의 균형을 선택할 여유를 갖는다. 앞선 장에서 다룬 기본소득과 소득 보장은 여기서 다시 중요해진다. 셋째, 삶의 질 지표의 활용이다. 정책의 성과를 성장률이 아니라 삶의 만족과 건강으로 평가할 때, 방향은 달라진다.

동양 사상은 이를 '족이불욕(足而不辱)', 즉 족함을 알면 욕됨이 없다는 말로 요약한다. 이는 욕망의 부정이 아니라, 욕망의 관리다. 잘사는 사회는 더 많이 갖는 사회가 아니라, 덜 불안한 사회다.

7부의 아홉 번째 장에서 안빈낙도는 결론이 아니라 기준이다. 노동과 복지의 목적은 소득의 극대화가 아니라, 삶의 균형이다. 성장은 수단이고, 행복은 결과다. 그 순서를 뒤집을 때, 경제는 사람을 다시 향한다.

안빈낙도의 경제학은 이렇게 말한다. 풍요는 숫자로 측정되지만, 삶은 균형으로 완성된다.

자업자득 自業自得

무분별한 복지가 초래하는 재정 파탄

뿌린 대로 거둔다
—복지의 선의와 결과의 간극

'자업자득'은 자신이 한 일의 결과를 스스로 얻는다는 뜻이다. 복지 정책을 둘러싼 사회적 논쟁에서 이 사자성어는 다소 불편하지만 매우 중요한 질문을 던진다. 아무리 선의로 설계된 정책이라도, 그 결과가 본래 의도와 다르게 왜곡되면 그 막대한 비용은 결국 사회 전체가 치른다. 복지는 집행자의 의도가 아니라 실질적인 성과로 평가되어야 한다.

복지의 확대는 오늘날 많은 사회에서 불가피한 시대적 선택이었다. 급격한 고령화, 파괴적인 기술 변화, 노동의 불안정성은 더욱 견고한 안전망을 요구했기 때문이다. 그러나 문제는 재정 투입의 속도와 세밀한 설계다. 국가의 재정 여력과 제도적 준비 없이 급격히 늘어난 지출은 단기적 안정을 줄 수 있을지 모르나, 장기적으로는 국가 재정의 경직성을 키운다. 한 번 늘어난 지출은 구조화되고, 이를 다시 조정하는 일은 정치적으로 매우 어려워진다.

경제학적으로 이는 재정 지속 가능성의 문제다. 현재 세대가 누리는 혜택이 미래 세대의 부담으로 고스란히 전가될 때, 세대 간 형평의 원칙은 깨진다. 자업자득은 복지 그 자체를 부정하는 말이 아니라, 책임 없는 확장이 가져올 위험을 경고하는 것이다.

도덕적 해이의 그늘
—보호는 언제 의존이 되는가

복지 제도가 지닌 또 다른 잠재적 위험은 도덕적 해이다. 사회적 보호가 개인의 경제적 행동을 부정적으로 왜곡할 때, 정책의 본래 목표는 흐려진다. 근로 유인이 약화되거나, 제도의 빈틈을 이용하는 행태가 늘어나면 사회적 신뢰는 급속히 떨어진다. 신뢰가 무너지면, 정작 필요한 복지마저 불필요한 공격의 대상이 된다.

이는 단순히 개인의 도덕성 문제로만 환원될 일이 아니다. 오히려 제도가 그렇게 행동하도록 유인했기 때문이다. 경제학은 이를 인센티브 설계의 실패로 규정한다. 진정으로 좋은 복지 모델은 보호와 책임을 동시에 정교하게 설계한다. 일을 하면 오히려 손해를 보는 구조나, 자립을 선택하는 순간 모든 지원이 끊기는 경직된 구조는 개인의 의존성을 강화할 뿐이다.

동양 사상은 이를 '과보(果報)'의 이치로 설명한다. 먼 미래의 결과를 깊이 고려하지 않은 행위는 결국 부메랑이 되어 자신에게 돌아온다. 복지가 자립이 아닌 의존을 낳을 때, 사회는 훗날 더 큰 비용을 지불하게 된다.

지속 가능한 복지
—권리와 책임의 균형

자업자득이 제시하는 해법은 복지의 무조건적인 축소가 아니라 제도의 정교화다. 첫째, 수혜 조건의 명확화다. 무조건적 지원과 조건부 지원의 경계를 분명히 확립해야 한다. 둘째, 자립 전환의 유인이다. 취업 및 직업 훈련과 연계된 복지는 개인의 자립을 실질적으로 촉진한다. 셋째, 재정 운용의 투명성 확보다. 비용과 효과를 투명하게 공개할수록 사회적 합의의 기반은 더욱 강화된다.

동양의 지혜는 이를 '중용(中庸)'의 정치로 본다. 과하지도 모자라지도 않은 최적의 상태를 끊임없이 찾는 일이다. 복지는 시민의 정당한 권리이지만, 책임 없는 권리는 결코 오래가지 않는다. 공존의 경제는 보호와 자립을 대립시키지 않고, 제도 안에서 둘을 유기적으로 연결한다.

7부의 마지막 장에서 자업자득은 엄중한 경고이자 다짐이다. 오늘의 성급한 선택은 반드시 내일의 제약이 된다. 지속 가능한 복지는 뜨거운 선의만으로 만들어지지 않는다. 결과를 냉철하게 관리하는 정책적 용기가 필요하다. 자업자득의 경제학은 우리에게 이렇게 말한다. 복지는 지금 당장의 위안을 줄 수 있지만, 그 설계의 정교함이 미래의 자유를 결정한다. 노동과 복지의 조화는 분배의 문제를 넘어, 공동체의 공존을 설계하는 근본적인 문제다.

8부

미래 경제와 기술의 대전환

〔 기술 문명 〕

기술은 답이 아니라 질문이다

마지막 8부는 AI, 플랫폼, 데이터, 환경 전환, 기술 윤리까지 미래 경제의 쟁점을 다룬다. 상전벽해와 전무후무, 허장성세와 종심소욕 불유구는 기술의 기회와 위험을 동시에 비춘다. 8부의 핵심 메시지는 분명하다. 기술은 중립적이지 않으며, 어떤 제도와 가치 위에 놓이느냐에 따라 축복이 될 수도, 재앙이 될 수도 있다.

온고지신으로 마무리되는 8부는 미래를 준비하는 가장 확실한 방법이 과거의 지혜를 잊지 않는 것임을 강조한다.

상전벽해 桑田碧海

AI와 자동화가 바꿀 일자리의 미래

뽕나무밭이 바다로
—기술 전환의 속도와 충격

'상전벽해'는 뽕나무밭이 푸른 바다로 변했다는 뜻으로, 세상이 완전히 달라졌음을 비유한다. 인공지능과 자동화의 확산은 노동의 세계에서 바로 이 상전벽해를 현실로 만들고 있다. 불과 몇 년 전까지 사람의 몫이던 업무가 알고리즘으로 대체되고, 숙련의 기준은 경험에서 데이터 활용 능력으로 이동한다.

기술 혁신은 언제나 일자리를 바꿔왔다. 그러나 이번 변화의 특징은 속도와 범위다. 자동화는 단순 노동을 넘어 사무, 분석, 창작 영역까지 파고든다. 한 직무의 일부가 대체되면서 직무 자체가 재구성된다. 사라지는 일과 생겨나는 일이 동시에 존재하지만, 전환의 간극은 개인에게 큰 불안을 남긴다.

경제학적으로 이는 기술 충격의 문제다. 생산성은 높아지지만, 분배는 자동으로 따라오지 않는다. 상전벽해의 시대에 가장 큰 위험은 기술 그 자체가 아니라, 전환을 관리하지 못하는 사회다.

동양의 지혜는 변화의 불가피성을 인정한다. 바다가 된 밭을 탓하기보다, 배를 만드는 선택이 중요하다는 것이다.

대체와 보완
—일자리는 사라질까, 변할까

AI가 인간의 일자리를 모두 앗아갈 것이라는 공포는 과거 역사 속에서도 수차례 반복되어 왔다. 증기기관, 전기, 컴퓨터가 처음 등장할 때마다 인류는 매번 같은 질문을 던지며 우려했다. 그러나 역사적으로 보면 기술은 일자리를 단순히 없애기보다 새로운 형태로 재편해 왔다. 문제는 '누구의 일이 대체되고, 누가 기술에 의해 보완되는가' 하는 구체적인 분화의 양상이다.

자동화는 반복적이고 규칙 기반의 업무를 빠르게 대체해 나간다. 반면 인간 특유의 창의성, 깊은 공감, 복합적인 판단이 필요한 영역은 기술을 통해 오히려 그 가치가 보완되고 강화된다. 그러나 이러한 구분 또한 고정적이지 않다. 기술이 진보할수록 대체와 보완의 경계선은 끊임없이 이동하기 때문이다. 따라서 현시대의 핵심 경쟁력은 특정 기술을 익히는 데 머무는 것이 아니라, 새로운 것을 끊임없이 받아들이는 학습 능력 그 자체를 키우는 일에 있다.

동양 사상은 이를 '변즉통(變則通)', 즉 변하면 비로소 통한다는 말로 명쾌하게 설명한다. 닥쳐온 변화를 거부하면 막다른 길에 다다르지만, 유연하게 적응하면 새로운 길이 열리는 법이다. 상전벽해의 시대에 진정한 생존 능력은 하나의 고정된 직업이 아니라, 변화에 발맞춰 자신을 바꾸는 전환 능력에서 나온다.

전환의 설계
—일의 미래를 준비하는 법

상전벽해의 충격을 기회로 바꾸려면 제도의 역할이 결정적이다. 첫째, 전환 교육의 상시화다. 학교 교육만으로는 부족하다. 노동 생애 전반에 걸친 재교육과 업스킬링(Upskilling)이 필요하다. 둘째, 전환기 안전망이다. 일자리를 잃는 순간이 아니라, 바꾸는 과정을 지원해야 한다.

셋째, 기술의 사회적 방향 설정이다. 자동화의 목적이 비용 절감에만 머물면 불평등은 확대된다. 생산성의 과실이 임금, 노동 시간 단축, 복지로 연결될 때 기술은 사회적 진보가 된다. 동양의 지혜는 이를 '이기 이용-후생(利器以用厚生)', 즉 좋은 도구는 백성의 삶을 두텁게 해야 한다는 원칙으로 요약한다.

8부의 첫 장에서 상전벽해는 공포가 아니라 경고다. 변화는 피할 수 없지만, 방향은 선택할 수 있다. 일자리의 미래는 기술이 결정하는 것이 아니라, 우리가 기술을 어떻게 쓰느냐에 달려 있다.

상전벽해의 경제학은 이렇게 말한다. 변화는 막을 수 없지만, 전환은 설계할 수 있다.

환골탈태 換骨奪胎

디지털 트랜스포메이션의 급속한 전개

환(換)의 단계
─기술 도입을 넘어 경영의 근간을 재설계하다

'환골탈태'는 본래 뼈를 갈아 끼우고 태를 벗는다는 뜻으로, 본질적인 구조가 완전히 새로워짐을 의미한다. 이 비유는 현대 기업의 최대 과제인 '디지털 트랜스포메이션(Digital Transformation, 이하 DX)'의 본질을 정확히 관통한다. 많은 조직이 DX를 단순히 IT 기기를 도입하거나 아날로그 업무를 전산화하는 '디지타이제이션'으로 오해하지만, 진정한 혁신은 낡은 가죽을 수선하는 것이 아니라 생각의 뼈대 자체를 바꾸는 '환(換)'에서 시작된다.

디지털 경제에서 '환'은 비즈니스 모델의 근본적 전환이며, 산업화 시대의 선형적 가치 사슬을 완전히 탈피하는 작업이다. 이제 데이터는 사후 보고용 통계가 아니라 실시간 의사결정을 이끄는 핵심 혈액이 되어야 한다. 수직적 결재 라인은 데이터 기반의 수평적 협업으로 전환되며, 경영자의 직관은 인공지능이 제시하는 객관적 지표로 대체된다. 이 과정은 구성원에게 '뼈를 깎는' 고통일 수 있으나, 이러한 전환 비용을 감수한 결단만이 불확실성의 파고를 넘는 유일한 통로가 된다.

골(骨)의 단계
―혁신의 내재화와 시장 질서의 구조적 재편

뼈대를 바꾸는 작업이 안착하면 비로소 새로운 시장의 골격(骨)이 형성된다. 클라우드, 인공지능(AI), 사물인터넷(IoT) 등 파괴적 기술은 이제 전 지구적 경제 체제의 핵심 골조로 자리 잡았다. 이 단계에서 DX는 기업 내부의 효율화를 넘어 산업 생태계 전체의 질서를 재편하는 강력한 중력으로 작용한다. 뼈대가 바뀌면 힘의 원천이 바뀌듯, 디지털 골격을 갖춘 기업은 과거의 공룡들이 가질 수 없었던 민첩성과 확장성을 보유하게 된다.

경제학적 관점에서 디지털 골격의 형성은 '한계비용 제로' 사회로의 이행을 가속화하며 기하급수적 성장을 가능케 한다. 또한 데이터 결합을 통한 '범위의 경제'는 산업 간 경계를 허물어 금융, 유통, 자동차가 융합되는 결과를 낳는다. 이러한 변화는 시장 권력을 공급자에서 수요자로, 그리고 초연결된 네트워크로 이동시킨다. 낡은 뼈대를 고수하는 기업은 무너지고 새로운 골격을 선점한 지배자들이 시장을 독식한다. 동양 사상의 '생생불식(生生不息)'처럼 끊임없이 새로워지는 디지털의 생리를 조직의 골격으로 받아들여 시장 질서를 선도하는 구조적 힘을 갖추는 것이 '골'의 핵심이다.

태(胎)의 단계
―자율적 진화와 개방형 생태계의 완성

환골탈태의 완성은 자율적인 생명력을 지닌 존재로 다시 태어나는 '태(胎)'의 단계에 있다. DX의 종착지는 단순히 기술력을 보유한 기업이 되는 것이 아니라, 환경 변화에 스스로 반응하고 진화하는 '유기적 지능 조직'이 되는 것이다. 태에서 갓 태어난 생명이 세상을 향해 온몸을 열듯, 디지털 환골탈태를 마친 기업은 폐쇄적 성벽을 허물고 자율과 개방을 지향한다.

이 단계의 핵심은 '개방형 혁신(Open Innovation)'이다. 디지털 시대의 혁신은 폐쇄적인 연구소가 아니라 외부 아이디어와 고객 피드백이 실시간으로 흐르고 섞일 때 폭발한다. 다만 무한한 개방에 따른 혼란을 방지하기 위해 '방이불란(放而不亂, 풀어주되 어지럽히지 않음)'의 지혜가 필요하다. 구성원에게 자율성을 부여하되 데이터 윤리와 책임감 있는 거버넌스라는 중심축을 유지하는 것이다.

태의 단계를 거친 기업은 이제 제품이 아닌 '경험과 플랫폼'을 제공하며 고객과 가치를 공동 창출한다. 또한 이는 자원 낭비를 최소화하고 투명성을 높이는 지속 가능 경영(ESG)과도 연결된다. 결국 환골탈태의 경제학은 묻는다.

"뼈를 깎는 고통을 감수하고 본질부터 다시 태어나고 있는가."

기술의 정교함과 인간의 창의성이 조화를 이루는 이 대전환이야말로 미래 경제로 비상하기 위한 진정한 성공의 문법이다.

무용지물 無用之物

구시대 기술의 도태와 파괴적 혁신

어제의 필수, 오늘의 짐
─기술의 수명은 왜 짧아졌는가

'무용지물'은 더 이상 쓸모가 없는 물건을 뜻한다. 기술의 세계에서 이 말은 잔인할 만큼 정확하다. 한때 산업의 중심이던 기술은 새로운 표준이 등장하는 순간, 빠르게 주변으로 밀려난다. 필름 카메라, 피처 폰, 유선 전화는 기술적 완성도가 낮아서 사라진 것이 아니다. 환경이 바뀌었기 때문이다.

기술의 수명은 짧아졌다. 데이터 처리 능력의 기하급수적 증가, 네트워크의 확장, 소프트웨어 중심 구조는 '대체'의 속도를 앞당긴다. 제품 하나가 아니라 시스템 전체가 바뀌면서, 기존 기술은 호환성을 잃는다. 이때 무용지물은 낙인이 아니라 전환의 신호다.

경제학적으로 이는 파괴적 혁신의 전형이다. 기존 기술은 주류 시장을 지키는 동안, 새로운 기술은 주변부에서 성능을 끌어올린다. 어느 순간 교차가 일어나면, 시장의 중심은 이동한다. 무용지물의 순간은 혁신의 시작점이다.

동양의 지혜는 무상을 말한다. 변하지 않는 것은 없으며, 쓰임도 시대에 따라 달라진다. 무용지물은 실패의 판결이 아니라, 시기의 판정이다.

도태의 비용
―사라지는 것은 기술만이 아니다

진정한 문제는 기술 도태에 수반되는 막대한 사회적 비용이다. 특정 기술이 역사 속으로 사라질 때, 그와 결을 같이하던 일자리와 지역 경제, 그리고 개인의 정체성마저 한꺼번에 사라진다. 탄광의 폐쇄나 공장의 이전, 레거시(Legacy) IT 시스템의 철수는 개인에게는 생계의 위협이며, 해당 지역사회에는 공동화의 서막이 된다. 무용지물의 판정은 경제적 효율이라는 차가운 언어로 내려지지만, 그로 인한 사회적 통증은 기업의 장부에 제대로 잡히지 않는다.

기업 조직도 이러한 관성에서 자유로울 수 없다. 레거시 기술에 대한 과도한 매몰비용과 그에 익숙해진 조직 문화는 혁신으로의 전환을 더디게 만든다. 과거 성공의 경험은 어느덧 강력한 관성이 되고, 그 관성은 변화를 가로막는 가장 무서운 적이 된다. 무용지물이 된 현실을 겸허히 인정하지 못하면, 새롭게 열리는 혁신의 창은 영원히 닫히고 만다.

동양 사상은 이를 '구즉신(久則新)', 즉 오래되면 마땅히 새로워져야 한다는 원리로 설명한다. 낡아가는 것 자체는 죄가 아니지만, 낡은 것을 고집하는 태도는 치명적인 비용을 발생시킨다. 도태의 고통을 줄이는 유일한 길은 변화 자체를 부정하는 것이 아니라, 변화의 파고를 능동적으로 관리하는 데 있다.

전환의 기술
—버림과 계승을 동시에 하라

무용지물의 시대에 필요한 것은 선별적 포기다. 모두를 버릴 필요는 없다. 첫째, 핵심 역량의 재정의다. 기술은 바뀌어도 문제 해결 능력과 고객 이해는 남는다. 둘째, 전환의 단계화다. 한 번에 갈아엎는 혁신은 리스크를 키운다. 실험과 확산을 병행해야 한다.

셋째, 전환 비용의 사회적 분담이다. 재교육, 지역 전환, 안전망은 혁신의 부수 비용이 아니라 혁신의 조건이다. 동양의 지혜는 이를 '사이이생(捨而易生)', 즉 버려야 새것이 난다는 원리로 설명한다. 버림은 파괴가 아니라, 공간의 창출이다.

8부의 세 번째 장에서 무용지물은 경고이자 전략이다. 쓸모없어지는 것을 두려워하지 말고, 쓸모를 다시 정의하라. 기술의 도태를 사회의 실패로 만들지 않으려면, 전환의 설계가 필요하다.

무용지물의 경제학은 이렇게 말한다. 쓸모없어지는 것은 끝이 아니라, 다음 쓰임을 부르는 신호다.

허장성세 虛張聲勢

기술 거품과 닷컴 버블의 재림 방지

빈 깃발의 행진
―거품은 왜 늘 혁신의 얼굴을 하고 오는가

'허장성세'는 실제 힘은 없으면서 겉으로만 요란하게 세를 부리는 모습을 뜻한다. 기술의 역사에서 이 말은 반복적으로 등장한다. 새로운 기술이 등장할 때마다 세상은 두 갈래로 나뉜다. 하나는 조심스러운 탐색이고, 다른 하나는 과도한 확신이다. 거품은 늘 후자의 언어를 빌린다. "이번에는 다르다"는 구호가 울려 퍼질수록, 경계의 목소리는 묻힌다.

닷컴 버블은 기술이 틀려서 붕괴한 것이 아니었다. 인터넷은 이후 세계를 바꾸었다. 문제는 속도와 평가였다. 수익 모델이 검증되기 전에 가치가 앞서 달렸고, 기대는 현실을 추월했다. 허장성세는 기술의 잠재력을 부정하지 않는다. 다만 잠재력과 현재 가치를 혼동하는 순간을 겨냥한다.

경제학적으로 거품은 정보의 비대칭과 군중 심리가 결합한 결과다. 초기 성공 사례는 과도하게 일반화되고, 실패는 일시적 소음으로 취급

된다. 시장은 혁신을 사랑하지만, 검증을 싫어한다. 허장성세는 바로 이 틈에서 자란다.

동양의 지혜는 허와 실을 가르는 눈을 강조한다. 겉모습의 크기보다 내용의 무게를 보라는 가르침이다.

기대의 가속
―자본은 왜 과열을 부추기는가

기술 거품을 키우는 가장 강력한 연료는 다름 아닌 자본이다. 저금리 환경, 풍부한 유동성, 그리고 경쟁적인 투자 구조는 '속도'를 최우선의 미덕으로 만든다. 남보다 빨리 들어가서 규모를 키우고, 적절한 시점에 높은 수익을 내고 빠져나오는 전략은 단기 수익을 극대화하는 최적의 공식처럼 여겨진다. 이 급박한 과정 속에서 의미 있는 실험과 실패는 학습의 밑거름이 아니라, 시장에서의 도태나 퇴출 사유로 전락하고 만다.

더 큰 문제는 이러한 자본의 가속이 기술의 실제 성숙 속도를 한참 앞지른다는 점이다. 조직은 내실 있는 제품을 개발하기보다 매력적인 스토리를 만드는 데 급급해하고, 내실 있는 수익성보다 단순한 사용자 수의 증가를 앞세운다. 허장성세는 세련된 마케팅의 언어로 정교하게 포장되고, 합리적인 의문은 '혁신을 이해하지 못하는 보수성'으로 낙인찍혀 억눌린다. 이렇게 형성된 부풀려진 거품은 그 임계점을 넘어 꺼질 때 사회 전체에 더 깊은 상처를 남기기 마련이다.

동양 사상은 이를 '급즉불달(急則不達)', 즉 너무 서두르면 도리어 목적지에 이르지 못한다는 말로 명쾌하게 설명한다. 기술은 그 다루는 속도가 빨라질수록 제어되지 않는 위험도 함께 커진다. 자본이 요구하는 속도와 기술이 성숙해지는 자연스러운 속도가 어긋날 때, 허장성세는 단순한 현상을 넘어 시스템 전체의 리스크로 변모한다.

실을 키우는 법
—거품을 피하는 혁신의 조건

허장성세를 피하는 해법은 혁신의 포기가 아니라 혁신의 규율화다. 첫째, 검증의 단계화다. 기술 성과는 사용자 반응, 비용 구조, 반복 가능성으로 확인되어야 한다. 둘째, 수익 모델의 조기 점검이다. 수익이 늦어질 수는 있어도, 없어도 된다는 논리는 위험하다.

셋째, 정책과 규제의 역할이다. 규제는 혁신의 적이 아니라, 과열의 브레이크다. 투명한 공시, 책임 있는 투자 관행, 소비자 보호는 시장의 신뢰를 지킨다. 동양의 지혜는 이를 '실사구시(實事求是)', 즉 사실에 근거해 옳음을 구하라는 말로 요약한다.

8부의 네 번째 장에서 허장성세는 경고다. 기술의 미래를 믿되, 숫자를 확인하라. 서사를 사랑하되, 현금을 보라. 혁신은 요란할수록 위험하고, 조용할수록 강하다.

허장성세의 경제학은 이렇게 말한다. 기술은 꿈을 팔지만, 시장은 증거를 산다.

전무후무 前無後無

데이터 독점과 거대 IT 기업의 탄생

보이지 않는 원유
―데이터가 만든 새로운 권력

'전무후무'는 전례가 없고 이후에도 드물다는 뜻이다. 현대 데이터 경제에서 이 말은 결코 과장이 아니다. 인류사 전체를 통틀어 생산 수단이 이토록 무형(無形)이면서 특정 소수에게 압도적으로 집중된 적은 없었다. 과거의 자원인 토지와 자본은 물리적 한계로 분산이 가능했지만, 디지털 데이터는 '네트워크 효과'를 타고 승자독식의 원리에 따라 한곳으로 수렴한다. 사용자가 늘수록 데이터가 쌓이고, 이는 알고리즘을 고도화해 서비스 품질을 개선하며, 다시 새로운 사용자를 끌어당긴다. 이 선순환은 외부 개입 없이는 멈추지 않고 스스로를 강화한다.

경제학적으로 이는 '규모의 경제'와 '범위의 경제'가 디지털 환경에서 결합된 결과다. 데이터는 수집 후 복제 비용이 거의 없고, 여러 서비스 영역에 동시에 활용되어 시너지를 낸다. 플랫폼은 방대한 데이터로 정보적 우위를 점하고, 고도화된 알고리즘은 후발 주자가 넘기 힘든 비가시적 진입 장벽을 구축한다. 전무후무의 권력은 물리적 독점이 아닌 정보적 우위에서 발생한다. 동양의 지혜는 권력이 비대해질수록 엄격한 경계가 필요하다고 가르친다. '권불십년(權不十年)'의 경고처럼, 통제되지 않는 권력은 시장의 질서를 흔들고 사회 전체를 왜곡하게 된다.

플랫폼의 성채
─진입 장벽과 잠금 효과

거대 IT 기업의 지배력은 제품 경쟁력보다 '플랫폼'이라는 생태계에 있다. 플랫폼은 거래 비용을 낮추는 동시에 사용자를 가두는 '잠금 효과(Lock-in effect)'를 설계한다. 사용자는 개인 데이터, 네트워크 손실, 학습 비용이 겹치며 성채 밖으로 나가기 어려워진다. 이때의 경쟁은 단순한 가격 싸움이 아니라 거대한 생태계 선점 경쟁으로 변모한다.

문제는 시장의 공정성이다. 플랫폼 운영자가 중개자를 넘어 선수와 심판의 지위를 겸할 때 시장의 규칙은 흔들린다. 자사 서비스 우대, 데이터의 비대칭적 활용, 알고리즘의 불투명성은 중소 혁신가들을 질식시킨다. 전무후무의 성장은 기술 혁신의 토양을 다지기도 하지만, 거대 성채의 그늘 아래 다른 혁신이 자라지 못하는 환경을 만든다. 동양 사상은 이를 '중용(中庸)'으로 설명한다. 지나친 집중은 전체의 균형을 깨뜨린다. 성채는 안락을 주지만, 역설적으로 외부의 생명력과 혁신을 차단하는 장애물이 될 수 있다.

공존의 설계
―데이터 시대의 새로운 규칙

　해법은 무조건적 분해가 아닌 지속 가능 성장을 위한 '재설계'다. 첫째, 데이터 이동성(Data Portability)과 상호운용성 강화다. 사용자가 자신의 데이터를 통제하고 이전할 수 있어야 진정한 경쟁이 살아난다. 둘째, 알고리즘의 투명성과 사회적 책임성이다. 결과가 권력이 되는 시대에 거대 플랫폼은 도출 논리와 과정에 대한 설명 의무를 지녀야 한다.

　셋째, 반독점 정책의 현대적 재정의다. 가격 인상 여부만을 따지는 낡은 기준에서 벗어나, 데이터 축적과 시장 지배력을 기준으로 경쟁 정책을 재정립해야 한다. 이는 규제가 아니라 공정한 기회가 보장되는 지속 가능한 혁신을 위한 규칙이다. 동양의 지혜는 이를 '강을 닦는 둑'에 비유한다. 둑은 물길을 막는 것이 아니라, 범람을 방지해 강물이 바다까지 안전하게 흐르도록 돕는다. 전무후무의 경제학은 말한다. 데이터는 강력한 힘이 되지만, 공통의 규칙이 부재할 때 그 권력은 사회적 신뢰를 잃고 스스로 무너질 수밖에 없다.

이무기 利武器

사이버 보안과 디지털 경제의 창과 방패

보이지 않는 전장
―연결될수록 취약해지는 경제

'이무기'는 아직 용(龍)이 되지 못했지만, 스스로를 지키고 상대를 제압할 수 있는 날카로운 힘을 지닌 존재다. 디지털 경제 생태계에서 사이버 보안은 바로 이 이무기와 같다. 평소에는 눈에 잘 보이지 않지만, 위기의 순간 한 번 작동하면 그 영향력은 가히 치명적이다. 데이터가 핵심 자산이 되고 초연결 네트워크가 경제의 혈관이 된 시대에, 사이버 공격은 국경의 경계를 허물며 침투하고 방어 시스템은 항상 한발 늦기 마련이다.

경제 활동 전반의 디지털 전환은 비약적인 효율을 높였으나, 역설적으로 공격을 받을 수 있는 '표면'을 광범위하게 넓혔다. 클라우드 컴퓨팅, 사물인터넷(IoT), 상시적인 원격 근무, 그리고 복잡한 API 연결은 생산성을 비약적으로 끌어올리는 동시에 도처에 취약점을 늘린다. 랜섬웨어는 기업의 현금 흐름을 직접 겨냥하고, 공급망 공격은 단 한 번의 침투로 수백 곳의 협력사를 동시에 마비시킨다. 이제 보안은 단순한 관리 비용이 아니라 기업 존속을 위한 필수 불가결한 조건이 되었다.

동양의 병법은 전장을 먼저 읽으라고 가르친다. 적이 형체 없이 보이지 않을수록 우리가 발을 딛고 있는 지형을 면밀히 살펴야 한다. 현대 디지털 전장의 지형은 곧 '연결성' 그 자체다. 연결은 성장의 거대한 힘이지만, 철저히 관리되지 않는 연결은 곧 치명적인 약점이 된다.

방패 없는 창
—속도 경쟁이 만든 보안의 공백

혁신의 속도를 중시하는 풍토는 종종 보안의 중요성을 뒤로 밀어낸다. '일단 먼저 출시하고 나중에 고친다'는 기조의 문화는 초기 스타트업에서 대기업에 이르기까지 깊게 퍼졌다. 하지만 보안은 사고 발생 이후의 사후 보완이 매우 어렵고 비용도 막대하다. 초기 설계 단계에서의 보안 정책 선택이 향후 발생할 잠재적 비용의 크기를 결정한다. 방패 없는 창은 단기적인 공격적 성장에는 유리할지 모르나, 충돌이 발생하는 결정적인 순간에는 스스로에게 치명적인 상처를 남긴다.

경제학적으로 이는 전형적인 '외부효과'의 문제다. 특정 기업 한 곳의 보안 실패는 단순히 그 기업만의 문제를 넘어 거래처와 소비자, 나아가 국가 기간 인프라까지 연쇄적인 위험에 빠뜨린다. 그러나 이러한 막대한 사회적 비용은 기업 내부의 회계에 즉각 반영되지 않는다. 결과적으로 시장 내에서 보안 투자는 항상 필요 수준보다 적게 공급되는 경향을 보인다. 국가적 규범과 제도적 개입이 반드시 필요한 이유가 여기에 있다. 동양의 지혜는 '공수겸비(攻守兼備)'의 태도를 강조한다. 공격과 방어는 결코 분리될 수 있는 영역이 아니다. 빠름은 분명 시장의 미덕이지만, 충분히 준비된 빠름만이 지속 가능한 성장을 담보한다.

보안을 설계하라
─경쟁력이 되는 방패의 조건

해법은 명확한 방향을 가리킨다. 첫째, 보안의 선제적 내재화다. '아무도 믿지 않는다'는 제로 트러스트(Zero Trust) 원칙, 최소 권한 부여, 강력한 암호화는 이제 선택이 아니라 시스템의 기본값(Default)이어야 한다. 둘째, 인적 보안의 실질적인 강화다. 첨단 기술의 약점보다 사람의 사소한 실수가 보안 사고의 더 잦은 원인이 된다. 구성원에 대한 지속적인 교육과 훈련, 그리고 책임 소재의 명확화가 반드시 병행되어야 한다.

셋째, 공동 방어 체계의 구축이다. 위협 정보의 실시간 공유, 보안 표준화, 공공과 민간의 긴밀한 협력은 전체의 방어 비용을 낮추고 대응 속도를 획기적으로 높인다. 보안은 개별 기업 간의 경쟁이 아니라 모두가 협력해야 할 연대의 영역이다. 동양의 지혜는 이를 단순한 세력 다툼인 '합종연횡'이 아닌 '동주공제(同舟共濟)'의 정신으로 설명한다. 같은 배를 타고 함께 노를 저어야 거친 강물을 무사히 건널 수 있는 법이다. 이무기의 경제학은 이렇게 말한다. 초연결의 시대에 보안은 무거운 짐이 아니라 더 높이 날게 하는 날개다. 견고한 방패를 함께 갖춘 창만이 목표한 지점까지 끝까지 날아갈 수 있다.

천재일우 千載一遇

가상자산과 블록체인의 기회

때를 읽는 눈
―기회는 준비된 자에게만 열린다

'천재일우'는 천 년에 한 번 올까 말까 한 극적인 기회를 뜻한다. 가상자산과 블록체인 기술을 둘러싼 치열한 논쟁은 바로 이 단어에 대한 해석의 차이에서부터 시작된다. 누군가에게 이는 기존의 중앙 집중식 금융 질서를 뒤흔들 서막이고, 다른 누군가에게는 그저 투기의 변주이자 거품일 뿐이다. 기회는 결코 객관적으로만 존재하지 않는다. 그것은 철저한 시대적 해석과 준비의 결과로서 비로소 그 모습을 드러낸다.

블록체인은 신뢰의 기반을 중앙 기관에서 분산된 네트워크로 옮긴다. 거래 장부는 모두에게 투명하게 공개되고, 검증의 권한은 참여자 모두의 몫이 된다. 이러한 파괴적 구조는 금융 시스템만이 아니라 행정, 디지털 콘텐츠, 글로벌 공급망의 근간까지 흔들어 놓는다. 다만 문제는 기술 그 자체가 아니라 그것이 쓰이는 용례다. 결제와 송금의 혁신, 자산의 토큰화, 탈중앙 금융(DeFi)은 분명 비약적인 효율을 약속하지만, 동시에 극심한 가격 변동성과 사기라는 짙은 그림자를 필연적으로 동반한다. 동양의 지혜는 늘 시운(時運)의 중요성을 강조한다. 때는 끊임없이 흐르고, 똑같은 선택일지라도 시기에 따라 결과는 판이하게 달라진다. 천재일우는 무모한 서두름을 정당화하는 면허가 아니라, 오히려 냉철한 분별력을 요구하는 시험대다.

신뢰의 재배치
—중개 없는 세계의 역설

가상자산의 근본적인 매력은 불필요한 중개 과정을 획기적으로 줄인다는 데 있다. 중개인이 사라지면 수수료는 낮아지고 금융 서비스에 대한 접근성은 비약적으로 높아진다. 그러나 중개가 사라진 바로 그 자리에 '책임의 공백'이라는 거대한 역설이 생긴다. 개인 키를 분실하면 자신의 자산을 영영 되찾을 수 없으며, 시스템 해킹이나 코드 오류로 인한 피해는 되돌리기가 매우 어렵다. 분산된 권한은 개인에게 전례 없는 자유를 주지만, 동시에 보호 장치는 그만큼 취약해지는 셈이다.

경제학적으로 이는 거래 비용의 전면적인 재구성이다. 표면적인 중개 비용은 분명 줄었지만, 그에 따른 리스크 관리 비용이 고스란히 개인에게 이전된다. 따라서 국가 규제의 역할도 과거와는 완전히 달라져야 한다. 무조건적인 금지와 방치는 모두 위험한 극단이다. 혁신의 불씨는 살리되, 이용자를 보호할 수 있는 최소한의 안전망을 세우는 정교하고 입체적인 규칙이 필요하다. 동양 사상은 이를 '권형(權衡)', 즉 저울질의 미덕으로 설명한다. 균형이 전제되지 않은 자유는 파괴적인 혼란을 낳고, 혁신을 무시한 과도한 통제는 천재일우의 기회를 통째로 날려 버린다.

기회를 제도로 만들다
—지속 가능한 활용의 조건

천재일우의 기회를 찰나의 소동이 아닌 역사의 진보로 남기려면 반드시 제도가 뒷받침되어야 한다. 첫째, 기술 그 자체가 아닌 '용도 중심'의 규율 체계 확립이다. 기술의 잠재적 가능성보다는 실제 사회적 효용과 리스크를 기준으로 자산을 분류하고 투명하게 관리해야 한다. 둘째, 정보의 투명한 공시와 소비자 보호 시스템의 강화다. 정보 비대칭성이 유독 큰 시장일수록 제도적 신뢰의 장치가 무엇보다 중요하다.

셋째, 디지털 인프라에 대한 과감한 투자와 교육이다. 개인 지갑의 보안 기술, 스마트 계약의 상시 감사 시스템, 명확한 회계 처리 기준은 기회를 현실로 만드는 단단한 기반이 된다. 단기적인 가격 등락에 일희일비하기보다 장기적인 활용 가치를 키우는 데 집중해야 한다. 동양의 지혜는 이를 '양기(養器)', 즉 그릇을 먼저 기른다는 말로 요약한다. 담을 그릇이 충분히 커야만 쏟아지는 물이 넘치지 않고 온전히 보존될 수 있기 때문이다. 천재일우의 경제학은 우리에게 이렇게 말한다. 기회는 분명 천 년에 한 번 올 수 있지만, 그 결과물은 오직 준비된 자의 깊이에 비례한다. 기술은 새로운 문을 열고, 제도는 그 너머에 안전한 길을 만든다.

개과천선 改過遷善

환경 파괴 경제에서 녹색 경제로

잘못을 고치는 용기
—성장의 방식은 바뀔 수 있는가

개과천선은 지난날의 허물을 고치고 선한 길로 옮겨 간다는 뜻이다. 인류 경제사 전체를 통틀어 이 말만큼이나 절실하게 다가오는 시점은 드물다. 지난 세기의 산업화는 전례 없는 물질적 풍요를 선사했지만, 그 화려한 이면에는 대기와 수질 오염, 생태계 파괴, 그리고 인류의 생존을 위협하는 기후 위기가 누적되었다. 진정한 문제는 성장의 속도 자체가 아니라 그 성장을 일궈온 '방식'에 있다. 우리는 더 많이 생산하는 기술적 능력은 확보했으나, 그 과정을 지속 가능하게 관리하는 윤리적 규율은 한참 뒤처져 있었다.

경제학적으로 환경 파괴는 전형적인 '외부불경제(External Diseconomy)'의 결과다. 오염의 비용은 사회 전체가 나누어 떠안고, 생산의 이익은 개별 주체가 독식한다. 시장 기구는 그동안 가격 체계에 반영되지 않은 환경적 피해를 철저히 무시해 왔다. 이러한 가격 왜곡이 수십 년간 쌓여 위기로 돌아온 것이 바로 오늘의 기후 리스크다. 이제 개과천선은 단순한 도덕적 요구를 넘어, 경제 시스템의 파국을 막기 위한 자기 구원의 길이다. 동양의 지혜는 자신의 과오를 솔직하게 인정하는 데서 모든 변화가 출발한다고 말한다. 자연을 정복의 대상으로만 바라보던 인간 중심적 시선에서 벗어나, 만물과 공존하는 생태적 대상으로 전환하라는 가르침이다.

녹색의 가격
―탄소를 셈에 넣는 순간

대전환을 이끄는 핵심 동력은 결국 '가격'에 있다. 탄소 가격제, 배출권 거래제, 각종 환경세는 공짜로 여겨졌던 자연의 가치를 기업과 가계의 장부 안으로 강제로 끌어들인다. 가격 신호가 바뀌면 자본의 투자와 기술 혁신의 방향도 자연스럽게 뒤따라 바뀐다. 에너지는 화석 연료에서 재생 에너지로, 제조 공정은 낭비에서 효율로, 소비의 행태는 과시에서 절제로 이동한다. 녹색 전환에 들어가는 비용은 소모적인 지출이 아니라, 미래에 닥칠 거대한 피해 비용을 미리 선지불하는 보험과도 같다.

기업에게 이러한 흐름은 위기인 동시에 전례 없는 기회다. 환경 규제를 단순히 회피해야 할 부담으로만 여긴다면 글로벌 시장에서의 경쟁력을 잃게 될 것이다. 반대로 공정 혁신과 에너지 효율화, 순환 경제 모델을 선제적으로 도입한다면 새로운 시장을 장악하는 퍼스트 무버가 될 수 있다. 금융권 역시 이를 자본 배분의 기준으로 삼아 뒷받침한다.

녹색 채권과 지속 가능 금융은 이 전환의 속도를 높이는 가속기 역할을 한다. 동양 사상은 이를 '중용(中庸)'의 원리로 설명한다. 성장을 위해 환경을 버리거나, 환경을 위해 성장을 멈추는 극단을 피하고 상생의 균형을 찾는 길이다. 환경 보호와 경제 성장의 이분법적 사고를 넘어, 두 가치를 동시에 추구하는 정교한 설계가 필요하다.

제도를 심다
―전환을 지속 가능하게 만드는 힘

개과천선을 일시적인 선언이나 구호로 끝내지 않으려면 이를 뒷받침할 단단한 제도가 필수적이다. 첫째, 예측 가능한 명확한 규칙이다. 정책의 일관성이 보장될 때 기업의 투자 리스크는 낮아진다. 둘째, 누구도 소외되지 않는 '공정한 전환'이다. 탄소 중립으로의 이행 과정에서 발생하는 산업 전환의 비용이 특정 노동 계층이나 지역에 집중되지 않도록 재교육과 전직 지원 시스템을 병행해야 한다.

셋째, 성과의 객관적 측정과 투명한 공시 체계다. 무엇을 실질적으로 줄였고 어떤 공정을 개선했는지 명확히 보이는 데이터 체계가 시장의 신뢰를 만든다. 이제 ESG(환경·사회·지배구조)는 기업의 목적 그 자체가 아니라 전환을 실현하는 실질적인 도구로 활용되어야 한다. 이러한 성과가 차곡차곡 축적될 때 비로소 전환은 일상의 문화로 정착된다. 동양의 지혜는 이를 '수기치인(修己治人)', 즉 스스로의 허물을 닦아 세상을 올바르게 다스린다는 말로 요약한다. 개과천선의 경제학은 이렇게 말한다. 잘못을 인정하고 고치기로 마음먹은 순간, 대전환은 이미 시작된 것이다. 자연과의 진정한 화해는 성장의 포기가 아니라, 성장이 비로소 성숙해지는 과정이다.

만사형통 萬事亨通

초연결 사회의 네트워크 효과

길이 열리면 물이 돈다
―연결이 만들어 내는 가치의 증폭

'만사형통'은 모든 일이 막힘없이 술술 잘 풀린다는 뜻이다. 현대의 초연결 사회에서 이 말은 단순한 심리적 낙관을 넘어, 시스템의 작동 방식을 보여 주는 구조적 설명에 가깝다. 사람과 사물, 기업과 시장, 그리고 국가와 국가가 촘촘히 이어질수록 정보는 빛의 속도로 흐르고 거래비용은 획기적으로 낮아진다. 이제 디지털 경제에서 연결은 그 자체로 거대한 가치가 된다.

경제학적으로 이는 전형적인 '네트워크 효과(Network Effect)'로 설명된다. 사용자가 단 한 명 늘어날 때마다 해당 서비스나 플랫폼이 제공하는 가치는 산술급수적 증가를 넘어 기하급수적으로 커진다. 전화와 인터넷에서 시작해 SNS와 글로벌 결제망에 이르기까지 모든 혁신은 이 원리를 충실히 따른다. 초연결은 시장의 효율을 극대화하고 소비자의 선택지를 무한히 넓힌다. 경계가 사라진 시장은 더 넓어지고, 새로운 기회는 우리 곁으로 더욱 가까워진다.

동양의 지혜는 '통(通)'하는 상태를 무엇보다 중시한다. 막힘이 없을 때 비로소 기운이 선순환하며 흐르고, 그 흐름이 닿는 곳마다 생명력이 살아나기 때문이다. 만사형통은 결국 이러한 연결의 질서를 깊이 이해하고 실천하는 지혜를 담은 말이다.

통합의 그늘
─연결은 왜 불평등을 키우는가

그러나 모든 연결이 항상 축복만을 가져다주는 것은 아니다. 네트워크 효과의 강력한 흡입력은 필연적으로 자원의 집중을 낳는다. 이미 많은 사람이 사용하는 플랫폼에 더 많은 신규 사용자가 몰리게 마련이다. 결과적으로 소수의 거대 플랫폼이 모든 정보와 자본의 흐름을 지배하는 독점적 구조가 형성된다. 연결의 '허브(Hub)'를 장악한 주체는 스스로 규칙을 만들고, 타인의 접근에 대한 대가를 마음대로 정하는 권력을 쥐게 된다.

또한 초연결은 시스템의 취약성도 동시에 키운다. 네트워크의 밀도가 높을수록 하나의 국지적인 장애가 연쇄적인 반응을 일으키며 사회 전체로 확산된다. 사이버 공격, 예기치 못한 시스템 오류, 혹은 알고리즘의 편향성은 이제 개인의 선택 문제를 넘어 심각한 사회적 리스크가 된다. 만사형통의 화려한 겉모습 반대편에는 모든 것이 꽉 막히는 '일사불통(一瀉不通)'의 위험이 늘 도사리고 있다. 동양 사상은 이를 '통즉불폐(通則不蔽)', 즉 통하면 가려지거나 막히지 않는다는 말로 설명하지만, 동시에 절제와 관리 없는 무분별한 통합 또한 엄격히 경계한다. 흐름은 적절히 관리되지 않으면 언제든 거대한 범람으로 변할 수 있다.

흐름을 설계하라
―초연결 시대의 공공성

초연결 사회를 지속 가능하게 유지하려면 흐름의 근본적인 설계가 필요하다. 첫째, 시스템의 상호운용성과 개방성의 확보가 핵심이다. 독점적인 '닫힌 정원' 모델은 단기적인 효율을 높일 수 있으나, 장기적으로는 생태계의 혁신을 가둔다. 데이터와 기술 표준의 과감한 개방만이 공정한 경쟁을 다시 살릴 수 있다.

둘째, 시스템의 분산화와 복원력(Resilience) 강화다. 중앙집중형 구조는 속도 면에서는 빠르지만 충격에 매우 취약하다. 지역화된 거점, 다중 경로 네트워크, 철저한 백업 체계는 만사형통의 상태를 예기치 못한 위기 상황에서도 흔들림 없이 유지하게 한다. 셋째, 연결에 대한 공정한 접근권 보장이다. 연결의 혜택이 특정 기술 권력 집단에만 쏠리지 않도록 정보 취약 계층의 접근권을 제도적으로 보장해야 한다.

동양의 지혜는 이를 '화이부동(和而不同)', 즉 조화를 이루되 서로의 고유함을 잃고 같아지지는 않는다는 말로 명쾌하게 요약한다. 진정한 연결은 획일적인 통일이 아니라, 서로 다른 존재들이 공존하는 고도의 기술이다. 만사형통의 경제학은 이렇게 말한다. 연결은 강력한 힘이 되지만, 세심한 설계 없는 연결은 통제 불능의 위험이다. 흐름의 질서를 올바르게 다스릴 때, 초연결은 비로소 인류 공동 번영의 길이 된다.

도원결의桃園結義

인간과 기술의 공존을 위한 윤리

힘이 커질수록 약속이 필요하다
―기술의 윤리는 왜 늦게 오는가

도원결의는 단순한 이해관계를 넘어 신의와 의(義)로 맺은 굳건한 약속을 뜻한다. 기술의 영향력이 인류의 삶을 근본적으로 지배하기 시작한 오늘날, 이 고전적 단어는 가장 현대적인 현실적 요청이 된다. 인공지능(AI), 자동화 공정, 거대 데이터 플랫폼은 효율과 편의를 극대화했지만, 그 막강한 힘의 지향점을 묻는 근본적인 질문은 늘 기술의 발전보다 뒤늦게 따라왔다. 기술은 언제나 혁신의 이름으로 먼저 앞서 달리고, 이를 다스릴 윤리적 규범은 사건이 터진 뒤에야 비로소 정비되곤한다.

경제학적으로 이는 '외부효과'가 사회 전 영역으로 무한히 확장된 결과라 볼 수 있다. 알고리즘의 보이지 않는 결정은 이제 개인의 삶의 궤적을 좌우하고, 인공지능에 의한 자동화는 노동 시장의 근간을 바꾸며, 무분별한 데이터 수집은 사생활의 경계를 뿌리째 흔든다. 이러한 영향은 단순한 시장 거래의 틀을 넘어 사회 공동체 전반으로 파급된다. 지금 우리에게 도원결의의 정신이 필요한 이유는, 통제 불가능할 정도로 비대해진 기술의 힘을 인류 공동의 보편적 약속으로 묶어 두기 위해서다. 동양의 지혜는 커다란 힘일수록 반드시 '의(義)'로써 제어하라고 가르친다. 능력이 커질수록 그 주체가 짊어져야 할 도덕적 책임의 반경 또한 넓어져야 하기 때문이다.

인간 중심의 설계
—효율의 유혹을 넘어서는 기준

기술 윤리는 단순히 무엇을 하지 말라는 '금지 목록'이 아니다. 그것은 새로운 기술을 어떤 가치 위에 설계할 것인가에 대한 철학적 문제다. 진정한 '인간 중심 설계'는 단기적인 편의보다 인간의 고유한 존엄을 우선 가치에 둔다. 결과의 과정을 납득할 수 있는 '설명 가능한 알고리즘', 차별의 편향성을 줄이는 '공정한 데이터 관리', 그리고 최종적인 선택권을 인간에게 보장하는 '인터페이스'는 윤리를 추상적 관념이 아닌 실질적인 기능으로 구현해 낸다.

시장 경제 체제 내에서도 윤리는 이제 단순한 비용이 아니라 강력한 '신뢰 자본'으로 작동한다. 현대의 소비자는 투명하고 윤리적인 가치를 지향하는 기업을 선택하며, 창의적인 인재들은 자신의 가치관이 분명히 반영된 조직을 따른다. 이제 윤리는 브랜드의 핵심이 되고, 이는 곧 장기적인 경제적 성과로 환산된다. 도원결의는 결코 감상적인 선언이 아니라, 지속 가능한 미래를 선점하기 위한 고도의 경쟁 전략이다. 동양 사상은 이를 '인의예지(仁義禮智)'의 조화로 설명한다. 지혜로운 기술은 인간다움을 해치지 않는 도덕적 기반 위에 서 있을 때 비로소 그 완성을 이룬다.

공동 규범을 세우다
─약속을 제도로 만드는 길

인간과 기술의 공존을 위한 윤리는 개별 기업이나 개인의 선의에만 의존해서는 결코 유지되지 않는다. 이를 뒷받침할 구체적인 제도와 표준, 그리고 투명한 감시와 책임 체계가 반드시 수반되어야 한다. 첫째, 모든 과정에 대한 투명한 규칙 공개다. 데이터가 사용되는 방식, 알고리즘이 미치는 사회적 영향, 그리고 자동화가 대체하는 범위를 대중에게 명확히 공개해야 한다. 둘째, 책임 귀속의 명확화다. 기술적 오류나 편향으로 인한 피해가 발생했을 때, 그 법적·윤리적 책임이 어디에 있는지 규범적으로 분명히 정의해야 한다.

셋째, 다양한 주체가 참여하는 거버넌스의 구축이다. 기업과 정부, 그리고 시민사회가 머리를 맞대고 공동의 기준을 만들며 지속적으로 점검해 나가야 한다. 도원결의는 소수만 참여하는 닫힌 결사가 아니라, 사회 구성원 전체의 열린 합의여야 한다. 동양의 지혜는 이를 '공의(公義)', 즉 사사로운 이익을 넘어선 공동의 정의로 요약한다. 도원결의의 경제학은 이렇게 말한다. 기술은 결코 가치 중립적이지 않다. 오직 사람의 현명한 선택만이 기술의 미래 방향을 결정한다. 의(義)로 맺은 단

단한 약속만이, 강한 기술을 소외된 기계가 아닌 우리 사람 곁의 동반
자로 남길 수 있다.

종심소욕 불유구 ^{從心所欲 不踰矩}

자유로운 시장과 규제의 조화

마음대로 하되, 선을 넘지 말라
─자유의 고전적 정의

'종심소욕 불유구'는 마음이 원하는 대로 행하여도 결코 법도를 넘어서지 않는다는 뜻이다. 공자의 이 통찰은 자유와 규제의 복잡한 관계를 가장 간결하고도 명쾌하게 설명해 준다. 진정한 의미의 자유는 무제한의 방임이 아니라, 공동체의 선을 해치지 않는 범위 내에서의 성숙한 자율이다. 현대의 복잡한 디지털 경제 생태계에서도 이 원리는 변함없이 유효한 가치를 지닌다.

시장 경제는 개인과 기업의 자유를 연료 삼아 힘차게 움직인다. 파괴적 혁신은 대개 기존 규칙 밖에서 시작되고, 역동적인 기업가는 낡은 질서를 흔들며 가치를 창출한다. 그러나 자유의 행사가 축적될수록 의도치 않은 '외부효과' 또한 비대해진다. 거대 플랫폼의 시장 독점, 개인 데이터의 무분별한 남용, 생태계의 환경 파괴는 모두 개인의 선택이 사회적 비용으로 전이된 명확한 사례들이다. 종심소욕 불유구는 바로 이 지점에서 규제의 정당성과 사회적 명분을 부여한다. 동양의 지혜는 자유를 단순히 하고 싶은 대로 하는 것이 아니라, 부단한 자기 절제의 결과로 바라본다. 보이지 않는 선을 스스로 지키는 능력이 곧 그 사회가 누릴 수 있는 자유의 깊이를 결정하기 때문이다.

규제의 기술
—금지가 아니라 설계다

규제는 종종 혁신의 발목을 잡는 적으로 오해받곤 한다. 그러나 좋은 규제는 나아갈 방향을 제시하는 나침반이 되며, 나쁜 규제는 그저 속도를 죽이는 장애물에 그친다. 규제의 핵심은 단순한 억압이 아니라 세밀한 '설계'에 있다. 무엇을 금지할 것인가에 매몰되기보다, 어떤 사회적 행동을 유도할 것인가를 고민하는 것이 훨씬 중요하다.

경제학적으로 이는 인센티브의 정교한 설계 문제다. 명확한 가격 신호와 표준의 확립, 정보의 공시는 기업의 선택을 근본적으로 바꾼다. 탄소 가격제는 오염 배출을 스스로 줄이게 유도하고, 데이터 이동성의 확보는 시장의 경쟁을 자연스럽게 되살린다. 이처럼 규제는 성장을 가로막는 울타리가 아니라 선수가 안전하게 달릴 수 있는 트랙이어야 한다. 모두가 빠르게 달리되, 서로 충돌하여 공멸하지 않도록 돕는 것이 규제의 본령이다. 동양 사상은 이를 '예(禮)'의 체계로 설명한다. 예는 인간을 억압하는 수단이 아니라 상호 존중의 질서를 만드는 장치다. 규칙이 투명하고 명확할수록, 그 안에서 누리는 자유의 영토는 오히려 더 넓어진다.

조화의 거버넌스
—시장과 규제가 함께 진화하는 법

자유와 규제의 완벽한 조화에는 고정불변의 해답이 존재하지 않는다. 기술의 패러다임이 바뀌고 시장의 지형이 변화하면 사회적 규칙 또한 그에 발맞춰 진화해야 한다. 첫째, '원칙 중심 규제'로의 전환이다. 세부적인 기술 규칙은 빠르게 낡아버리지만, 본질적인 원칙은 오래도록 생명력을 유지한다. 투명성, 책임성, 그리고 공정성이라는 가치는 시대를 관통하는 규제의 기준이 된다.

둘째, 유연한 실험과 피드백 체계의 구축이다. 규제 샌드박스와 단계적 도입은 혁신에 따른 실패의 비용을 낮추는 안전장치가 된다. 셋째, 다층적인 참여적 거버넌스다. 기업과 시민, 정부가 머리를 맞대고 함께 기준을 만들 때 비로소 규칙은 현장의 생명력을 얻고 뿌리내린다. 동양의 지혜는 이를 '중용(中庸)'의 미학으로 요약한다. 어느 한쪽으로도 치우치지 않는 길, 상황의 변화에 기민하게 대응하는 적시의 균형. 종심소욕 불유구의 경제학은 우리에게 이렇게 말한다. 자유는 정교한 규칙 덕분에 지속 가능해지고, 규칙은 자유의 생동감 덕분에 비로소 그 의미를 얻는다. 보이지 않는 선을 서로 지켜낼 때, 시장은 비로소 더 멀리, 더 오래 나아갈 수 있다.

법고창신 法古創新

과거를 통해 배우는 내일의 경제

법고(法古)
―변하지 않는 비즈니스의 본질을 계승하다

'법고창신'은 연암 박지원이 강조한 예술적·철학적 태도로, '옛것을 본받되 변화할 줄 알고, 새롭게 만들되 근본을 잃지 않는다'는 뜻이다. 이를 디지털 경제에 대입하면, 화려한 기술적 진보 속에서도 결코 변해서는 안 될 비즈니스의 '본질'이 무엇인지 성찰하게 한다. 디지털 트랜스포메이션(DX)의 성패는 첨단 기술 그 자체가 아니라, 그 기술이 해결하고자 하는 고전적인 인간의 욕망과 시장의 결핍을 얼마나 정확히 꿰뚫느냐에 달려 있기 때문이다.

많은 기업이 디지털 기술 도입에만 매몰되어, 업(業)의 본질인 '고객 가치'라는 법고(法古)를 망각하곤 한다. 아무리 정교한 AI 알고리즘이라 할지라도 고객의 문제를 해결하거나 심리적 만족을 주지 못한다면 그것은 껍데기에 불과하다. 진정한 혁신은 과거로부터 이어져 온 신뢰, 품질, 장인정신과 같은 핵심 자산을 디지털이라는 새로운 그릇에 담아내는 과정이다. 즉, 법고는 혁신이 나아가야 할 방향을 잡아주는 나침반이자, 기술이 도구적 수단에 머물지 않고 가치 있는 존재가 되게 하는 뿌리와 같다.

창신(創新)
—파괴적 기술로 새로운 가치 체계를 설계하다

뿌리가 튼튼하다면, 그 위에서 피어나는 꽃은 시대의 공기를 마시며 끊임없이 새로워져야 한다. 이것이 창신(創新)의 단계다. 디지털 시대의 창신은 단순히 과거의 프로세스를 효율화하는 수준을 넘어, 데이터와 연결성을 기반으로 시장의 질서 자체를 재편하는 '파괴적 혁신'을 의미한다. 과거의 성공 방정식이 오프라인 접점과 대량 생산에 있었다면, 오늘날의 창신은 초개인화된 경험과 플랫폼 기반의 생태계 구축으로 나타난다.

경제학적으로 창신은 '비용 구조의 혁명'이다. 클라우드와 자동화 기술은 기업의 고정비를 변동비로 바꾸고, 네트워크 효과는 기하급수적 성장의 발판이 된다. 이때의 혁신은 과거와의 단절이 아니라, 과거에는 불가능했던 고객의 미세한 니즈를 디지털 기술로 실현해내는 '구현의 혁신'이다. 법고를 통해 얻은 통찰이 창신이라는 기술적 날개를 달 때, 기업은 비로소 시장의 도전자에서 지배자로 격상된다. 법고가 없는 창신은 경박하고, 창신이 없는 법고는 고리타분하다는 연암의 가르침은 변화의 속도가 무서운 디지털 시장에서 더욱 빛을 발한다.

조화(調和)
―기술과 인간이 공존하는 지속 가능한 미래

　법고창신의 궁극적 지향점은 옛것과 새것, 인간과 기술이 절묘하게 조화되는 지점을 찾는 것이다. 인공지능이 인간의 지능을 보조하고, 가상 세계가 현실 세계의 한계를 보완하는 초연결 사회에서 기업은 기술의 '속도'만큼이나 기술의 '온도'를 고민해야 한다. 전통적인 윤리 의식과 책임감이라는 법고의 정신을 AI 거버넌스와 데이터 보안이라는 창신의 영역에 이식할 때, 비로소 사회적 신뢰를 얻는 지속 가능한 브랜드가 완성된다.

　결국 디지털 시대의 법고창신은 우리에게 질문을 던진다. "우리의 혁신은 무엇을 계승하고 있으며, 그 위에 어떤 새로운 가치를 쌓고 있는가." 낡은 관습에 얽매이지 않으면서도 본질을 잃지 않는 유연함, 그리고 기술이라는 도구를 인간을 위해 사용할 줄 아는 혜안이 필요하다. 뿌리 깊은 나무가 바람에 흔들리지 않듯, 전통의 지혜(法古)를 품고 디지털의 파도(創新)를 타는 기업만이 시장이라는 거대한 영산회상에서 화답의 미소를 지을 수 있을 것이다. 이것이 디지털 트랜스포메이션이 지향해야 할 진정한 태도이자, 변치 않는 성공의 문법이다.

에필로그

경제는 결국
인간이라는 아키타입의 기록이다

반복되는 위기,
변하지 않는 인간의 원형

이 책의 마지막 페이지에 이르러 우리가 마주하는 진실은 명백하다. 경제 위기의 얼굴은 매번 바뀌지만, 그 뿌리는 놀랍도록 닮아 있다는 사실이다. 탐욕과 공포, 오만과 방치, 책임 회피와 뒤늦은 후회는 시대를 가로질러 변하지 않는 인간의 아키타입(Archetype)이다. 기술은 눈부시게 진보했으나, 그 기술을 다루는 인간의 본성은 수천 년 전이나 지금이나 크게 다르지 않다.

그래서 사자성어는 여전히 유효하다. 수백 년 전의 서늘한 경고가 오늘날 초고속 알고리즘이 지배하는 시장에도 그대로 적용된다. 이는 비관이 아니라 냉철한 현실 인식이다. 인간의 본성이 변하지 않는다면, 우리는 인류가 축적한 지혜의 원형을 끊임없이 호출해야 한다. 경제학의 진정한 역할은 미래를 맞히는 예언이 아니라, 과거의 실수를 잊지 않도록 돕는 '기억의 조직화'에 있을지도 모른다. 동양의 지혜가 패배와 몰락의 기록을 사자성어로 남긴 이유도 분명하다. 다음 세대가 같은 파국을 반복하지 않기를 바라는 절박한 이정표였던 셈이다.

성장 이후, 본질의 경제를 상상하다

우리는 이제 '성장 너머'의 경제를 고민해야 하는 시대에 서 있다. 더 많이, 더 빠르게 생산하던 방식은 임계점에 도달했다. 환경은 비명을 지르고, 불평등은 공동체의 결속을 해치며, 기술은 편익만큼이나 거대한 불안을 양산한다. 이제 경제는 기술적 해법을 넘어 근원적인 질문에 답해야 한다.

무엇을 위한 성장인가. 누구를 위한 효율인가. 실패의 비용은 누가 짊어지는가. 이 질문들은 수식이나 정책만으로는 풀 수 없다. 사회적 합의와 가치 판단, 즉 철학이 필요하다. 사자성어는 이 지점에서 길잡이가 된다. 극단을 경계하고, 중간의 균형을 찾으며, 찰나의 이익보다 장기적인 안목을 요구하는 언어이기 때문이다. 이 책은 혁신을 부정하지 않는다. 다만 '성숙한 성장'을 요구할 뿐이다. 속도보다 방향을, 규모보다 지속가능성을, 일시적 성과보다 견고한 신뢰를 중시하는 경제. 그것이 이 책이 사자성어를 통해 그려온 다음 단계의 모습이다.

우리의 경제는
어떤 아키타입으로 남을 것인가

　마지막으로 우리에게 자문해 본다. 우리가 지나온 경제적 여정은 훗날 어떤 사자성어로 요약될 것인가. 눈앞의 이익을 좇는 '다다익선'이었는가, 절제의 미덕을 지킨 '과유불급'이었는가. '호시탐탐' 기회를 기다리는 통찰이었는가, 아니면 거대한 흐름을 무시한 '당랑거철'이었는가.

　경제는 거대한 시스템인 동시에, 개인이 써 내려가는 지극히 사적인 기록이다. 가계부의 숫자 하나, 투자 결정의 순간, 직업을 선택하는 고민이 모여 한 사람의 경제사가 된다. 이 책의 바람은 거창하지 않다. 우리가 삶의 중요한 선택 앞에 섰을 때, 이 책에서 읽은 아키타입 중 하나를 떠올리며 잠시 멈춰 설 수 있다면 그것으로 충분하다.

　『아키타입(Archetype) 사자성어 경제학』은 여기서 멈추지만, 우리의 경제는 계속될 것이다. 경제는 숫자로 시작하지만, 결국 어떤 의미를 남기느냐로 완성된다. 시장은 냉혹할지라도 그 안에서 내리는 선택만큼은 인간적이어야 한다. 지혜라는 이름의 원형을 곁에 둔 경제만이, 거친 파도 속에서도 길을 잃지 않고 오래 살아남는다.

참고문헌

I. 경제학의 기초와 시장 원리 (미시경제)

Mankiw, N. Gregory. Principles of Economics. Cengage Learning.

Varian, Hal R. Intermediate Microeconomics: A Modern Approach. W. W. Norton.

Mas-Colell, Andreu, Michael D. Whinston, & Jerry R. Green. Microeconomic Theory. Oxford University Press.

Kreps, David M. A Course in Microeconomic Theory. Princeton University Press.

Jehle, Geoffrey A., & Philip J. Reny. Advanced Microeconomic Theory. Pearson.

Samuelson, Paul A., & William D. Nordhaus. Economics. McGraw-Hill.

Tirole, Jean. The Theory of Industrial Organization. MIT Press.

Carlton, Dennis W., & Jeffrey M. Perloff. Modern Industrial Organization. Pearson.

Shapiro, Carl, & Hal R. Varian. Information Rules. Harvard Business School Press.

Akerlof, George A. "The Market for 'Lemons'." Quarterly Journal of Economics.

Spence, Michael. "Job Market Signaling." Quarterly Journal of Economics.

Stiglitz, Joseph E. The Price of Inequality. W. W. Norton.

권의종. 『경제, 고칠 거 진짜 많다』. 북랩.

권의종·박종철·이태용·권혁일. 『한국 경제, 새판짜기』. 북랩.

김세직. 『미시경제학』. 박영사.

이준구. 『미시경제학』. 법문사.

한국개발연구원(KDI). 「시장구조와 경쟁정책」 연구보고서.

공정거래위원회. 『경쟁정책 연보』.

II. 거시경제·재정·국가 운영

Blanchard, Olivier. Macroeconomics. Pearson.

Romer, David. Advanced Macroeconomics. McGraw-Hill.

Keynes, John Maynard. The General Theory of Employment, Interest and Money. (Various Publishers).

Friedman, Milton. Capitalism and Freedom. University of Chicago Press.

Friedman, Milton, & Anna Schwartz. A Monetary History of the United States. Princeton University Press.

Krugman, Paul. The Return of Depression Economics. W. W. Norton.

Lucas, Robert E. Studies in Business-Cycle Theory. MIT Press.

한국은행. 『통화신용정책보고서』. 『경제전망보고서』.

기획재정부. 『중장기 재정전망』.

국회예산정책처. 『국가재정 분석보고서』.

한국조세재정연구원. 『조세·재정 정책연구』.

권의종. 『대한민국 경제프리즘』. 북랩.

권의종. 『코로나 경제실록』. 북랩.

권의종·유상정·이철우·김창현. 『제발 이런 정책 좀 펴라』. 북랩.

권의종·나병문·백승희·정기석. 『대한민국 개조론』. 북랩.

권의종·나병문·백승희·정기석. 『한국 경제, 지금』. 북랩.

Ⅲ. 금융·화폐·위기와 신용

Mishkin, Frederic S. The Economics of Money, Banking and Financial Markets. Pearson.

Kindleberger, Charles P., & Robert Z. Aliber. Manias, Panics, and Crashes. Palgrave.

Minsky, Hyman P. Stabilizing an Unstable Economy. Yale University Press.

Reinhart, Carmen M., & Kenneth S. Rogoff. This Time Is Different. Princeton University Press.

Bernanke, Ben S. The Courage to Act. W. W. Norton.

Bagehot, Walter. Lombard Street. (Various Publishers).

Shiller, Robert J. Finance and the Good Society. Princeton University Press.

한국금융연구원. 『금융시장 동향』.

금융감독원. 『금융안정보고서』.

예금보험공사. 『금융위기와 제도적 대응』.

권의종·성의경·김혁·조준기. 『한국 금융, 새판짜기』. 북랩.

Ⅳ. 투자·행동경제·심리

Kahneman, Daniel. Thinking, Fast and Slow. Farrar, Straus and Giroux.

Thaler, Richard H. Misbehaving. W. W. Norton.

Thaler, Richard H., & Cass R. Sunstein. Nudge. Yale University Press.

Ariely, Dan. Predictably Irrational. HarperCollins.

Shiller, Robert J. Irrational Exuberance. Princeton University Press.

Graham, Benjamin. The Intelligent Investor. Harper.

Marks, Howard. The Most Important Thing. Columbia University

Press.

김경록. 『투자의 심리학』. (출판사 정보 확인 필요).

자본시장연구원. 『개인투자자 행태 분석』.

V. 기업·경영·플랫폼 경제

Porter, Michael E. Competitive Strategy. Free Press.

Drucker, Peter F. Management. Harper & Row.

Christensen, Clayton M. The Innovator's Dilemma. Harvard Business School Press.

Parker, Geoffrey G., Marshall W. Van Alstyne, & Sangeet P. Choudary. Platform Revolution. W. W. Norton.

Srnicek, Nick. Platform Capitalism. Polity Press.

Wu, Tim. The Master Switch. Knopf.

산업연구원(KIET). 『산업 구조 전환 보고서』.

정보통신정책연구원(KISDI). 『플랫폼 경제와 규제』.

권의종. 『중소기업, 망해도 싸다』. 청해.

권의종. 『나는 대한민국 중소기업 사장이다』. 오성출판사.

VI. 국제경제·무역·패권

Krugman, Paul, Maurice Obstfeld, & Marc Melitz. International Economics. Pearson.

Rodrik, Dani. The Globalization Paradox. Oxford University Press.

Eichengreen, Barry. Exorbitant Privilege. Oxford University Press.

Baldwin, Richard. The Great Convergence. Harvard University Press.

Dalio, Ray. The Changing World Order. Simon & Schuster.

IMF. World Economic Outlook.

World Bank. World Development Report.

WTO. World Trade Report.

BIS. Annual Economic Report.

VII. 노동·복지·불평등

Piketty, Thomas. Capital in the Twenty-First Century. Harvard University Press.

Sen, Amartya. Development as Freedom. Anchor.

Stiglitz, Joseph E. People, Power, and Profits. W. W. Norton.

Standing, Guy. The Precariat. Bloomsbury.

Atkinson, Anthony. Inequality. Harvard University Press.

한국노동연구원. 『노동시장 구조 분석』.

한국보건사회연구원. 『복지국가와 재정』.

OECD. Employment Outlook.

권의종. 『코로나 경제 실록』. 북랩.

권의종. 『불쌍한 경제, 눈감은 정치』. 북랩.

권의종 채성만. 『한국 정치, 새판짜기』. 든든Books.

VIII. 기술·AI·미래 경제

Brynjolfsson, Erik, & Andrew McAfee. The Second Machine Age. W. W. Norton.

Acemoglu, Daron, & Pascual Restrepo. Power and Progress. Basic Books.

Zuboff, Shoshana. The Age of Surveillance Capitalism. PublicAffairs.

Harari, Yuval Noah. Homo Deus. Harper.

Floridi, Luciano. Ethics of Artificial Intelligence. Oxford University Press.

World Economic Forum. Global Risks Report.

OECD. AI and the Future of Work.

한국지능정보사회진흥원(NIA). 『AI 국가전략 보고서』.

과학기술정보통신부. 『디지털 전환 정책자료』.

권의종. 『한국 경제, 어디로』. 북랩.

권의종·박문서. 『저성장의 늪, 한국 경제 리셋』. 북랩.

권의종·성의경. 『과거는 미래에서 온다』. 북랩.

IX. 동양 고전·사자성어 원전

『논어』, 『맹자』, 『순자』.

『한비자』.

사마천. 『사기(史記)』.

『손자병법』.

『채근담』.

『명심보감』.

민중서림·동아출판사 편집부. 『고사성어 대사전』.